関西版　介護業界のプロが本気で調査

有料老人ホーム三ツ星ガイド

2021年度版

★★★

介護の三ツ星コンシェルジュ編集部

幻冬舎MC

関西版

介護業界のプロが本気で調査

有料老人ホーム
三ツ星ガイド

2021年度版

★ ★ ★

はじめに

厚生労働省の２０１８年の調べによると、国内の有料老人ホームは１万４０００施設を超え、今もなおその数は増え続けています。

肉親の介護に割ける時間がない子世代は、わらにもすがる思いで有料老人ホームを探しているはずですが、膨大な施設数を前に立ちすくんでしまっている方も多いのではないでしょうか。また、有料老人ホーム選びについての知識を持ち合わせていないがゆえに、「自分の親の介護度に合う施設は？」「持病が悪化して追い出されたりしない？」「そもそも有料老人ホームってどんなところ？」などの疑問や不安を抱え、「有料老人ホーム難民」となっている方も少なくありません。

では有料老人ホームの良し悪しを見極める、明確な判断基準はないのでしょうか？実は重要なポイントは３つあるのです。

それは、施設の設備に対する「ハード面の調査」、サービスを提供するスタッフの対応を見る「ソフト面の調査」、そして「ホームを紹介するプロの相談員の調査」です。少なくともこの３つが及第点を満たしていれば、その施設は入居するに値する施設であるといえるでしょう。

とはいえ、複雑な要介護度のシステムを理解し、それぞれの施設の特長を的確に把握するには、付け焼き刃の知識だけでは太刀打ちできないのが現実です。また、入居相談事業者の情報のみを鵜呑みにしてしまっているだけでも、なかなか良し悪しを見極めることは難しいでしょう。

そこで我々『介護の三ツ星コンシェルジュ編集部』は『一般社団法人日本シニア住宅相談員協会』とタッグを組み、北摂や北河内、大阪市内、阪神間、神戸市内のエリアにある１４７２カ所のホームを調査しました。

各項目で点数を付けていき、星１つから３つまでの調査をしたところ、星が付与された施設は１０８カ所、全体のたった７％です。かなりシビアな数字となりましたが、胸を張っておすすめできる施設です。

まずはその１０８施設の調査結果を参考に、入居者に合う施設を選んでいただきたいと考えています。

とはいえ、読者のなかには「それなら三ツ星を獲得した施設に入ればいいじゃないか」と思う方も多いはずです。

しかし、Ａさんにとっては三ツ星に値するとしても、Ｂさんにとってはまったく魅力的ではない可能性も大いにあります。自分にぴったりの有料老人ホームと出会うためには、実際に目で見て肌で感じることが大切です。体験宿泊や施設見学をとおして初めて、入居者の個性に合っている施設かどうかを判断できるといえるでしょう。本書では、見学時のチェックポイントも詳しく説明し、有料老人ホーム選びで失敗してしまわないための道標を示しています。

ご家族や自身が納得する有料老人ホームを選ぶための指標として本書をご活用いただけたら幸甚です。

2021年4月27日

介護の三ツ星コンシェルジュ編集長　荒牧誠也

第2章　実際に見学してみることが大事！
入居者のライフスタイルに合った施設を選ぶポイント

第3章 「有料老人ホーム三ツ星108選」と特別コラム30施設

序章

介護施設選びに失敗・後悔しないために

切羽詰まる前に余裕をもって本人の希望のホームを探すことが肝心

入居相談業務のなかで最も感じることは、「在宅介護に限界が来たから入居先探しを始めた」「入院などで在宅復帰ができないことが分かったから入居先探しを始めた」というご家族がいかに多いかということ。多くのご家族が、在宅で生活をしているご本人の介護に疲れ果て、対応に限界を感じた時、近隣の方からの苦情を受けて（認知症が進み徘徊や火の始末などに関し、不安に思ったご近所さまからの苦情）、入院をしたけれど医師から在宅復帰は無理と言われてなど、切羽詰まった状態で入居先を探し始めます。

要は「困った状態」にならないとホーム探しを始めない。つまり追い込まれている状態になって初めてホーム探しを始める方が多いため、結果、十分な調査をする時間もなく、地理的条件、経済的条件のみでとりあえず空いているホームに入居させるという結果になってしまいがちです。そんなことで入居したホームは、本人の意思とは無関係なところで話が進みますので、当然、希望に合わないミスマッチな選択となってしまうことが多いのです。

切羽詰まる前に、余裕をもって希望のホームを探すことが肝要なのです。

このような失敗をなくすためには、やはり事前の準備が重要です。在宅介護を続けている限り、本人の状態が改善されるのはごくわずかな可能性しかありません。要するに、そのまま在宅生活を続けていても、いずれはホームに入居する必要に迫られるのです。いずれ老人ホームに入居するなら早めに検討し、早めに入居を決めたほうが良いに決まっています。早めに検討するということは、「本人の希望を十分に聞くことができる」「本人が希望するホームが満室でも、空室が出るまでゆっくり待つことができる」「本人の身体的にも良い状態で検討できるため、ホームの選択肢も広がる」など、いろいろなメリットがあります。

ホーム入居や相続など、親のことは後回しにしないことです。家族の都合が優先になってしまわないように、関係者で協議を行い対策を考えていくことが重要です。それでも実際には面倒なので実践しないでいると、結果、ミスマッチにつながっていきます。

失敗しない老人ホーム選びを行うためにも面倒を避けるのではなく、早め早めの検討が大切なのです。老人ホーム選びに失敗しないための第一の考え方は「検討期間を短期間にしない!!」ということです。参考までに、２組の失敗・後悔談とそれに対しての教訓などをご紹介します。

Case. 1

認知度の進行を鑑みて施設選びをしないと最終的にはホームを出ないといけなくなる

入居先：住宅型有料老人ホーム
入居対象者：山田太郎さん　68歳男性（長男、独居、認知症）仮名
相談者：山田花子さん　60歳代女性（妹）仮名
取材者：介護の三ツ星コンシェルジュ編集部

入居者の山田太郎さんは結婚後、地元から離れて暮らしていましたが、離婚され奥さまとは音信不通。定年後も自身で農業をしながら暮らしていたのですが、少し前から軽い認知症状が出始めていました。近所に身内もいないので、地元に住んでいる太郎さんの妹である花子さんは心配になりました。

花子さんも同居することは難しいので、太郎さんの年金などで生活していける近所の老人ホームを探し始められました。この時の太郎さんの要介護度は1で、認知症状も軽かったこともあり、花子さんの自宅から近い住宅型有料老人ホームを見学して、

入居が決まりました。

太郎さんの身長は１６５㎝ほどで小柄ですが、農業をしていたこともあり、体つきはがっしりとしています。話をしてみると、返事は遅めで、質問などをしても考えてから返事をくださるような、おとなしい方だなという印象です。

ですが、花子さんの話によると、もともと暴言や暴力が見られることもあり、日々の食後には精神を落ち着かせる薬を服用しているとのこと。

おとなしそうに見えたのは薬を服用されているからであり、薬に慣れてしまうと効果が弱くなってしまい、ほかの入居者の方に暴力を振るわないかなどの不安があると花子さんは話しました。

入居後数日は、帰宅願望が見られたり、「ここはどこですか？」など環境の変化についていけていないようなところもあったものの、入浴や居室清掃、食事についてはすんなりと理解し生活されていたそうです。

そのため、担当主治医と相談し、「精神的にも安定しておられるが、服薬が多過ぎるので、少しずつ薬を減らして様子を見ながら調整しよう」といった話になりました。

入居２カ月ほどは、薬を減らしても精神的な部分での変化は見られませんでしたが、認知症状については進行していき、箸の使い方が分からず手掴みで食事をしたり、帰宅願望が強く見られたりするようになりました。

　認知症状が進行していくことを心配された花子さんは、毎日仕事終わりに様子を見にこられるようになりました。すると、時々花子さんに暴言を発する姿も見られるようになってきたので、そのような時は、頓服薬を服用するしか方法がなく、主治医とも相談し、薬の調整をすることとなりました。

　入居４カ月ごろになると薬の調整がなかなかうまくいかず、昼夜逆転やボーっとして受け答えができないような日もありました。そのような時は、薬を数日抜いて調整していたそうですが、他室侵入や誤飲誤食、物の破壊などが目立つようになりました。男性でもあり力が強いため、女性職員では対応ができないようになってしまいました。

　このあたりから花子さんは、「この施設に入居して良かったのか」「もっとしっかりと本人に合った施設を探したほうが良かったのではないか」「職員さんやほかの利用者の方々に申し訳ない」とお話しされることが増えてきました。

　施設なので認知症状が進んでいる方はほかにもいましたが、花子さんからすると自分の兄が皆さんに迷惑をかけるのがたいへん申し訳ないとのことでした。

　入居５カ月ほど経った時には、まったく薬の調整が合わず、認知症状の進行が目立ち、まともに歩行ができないようになってしまい、担当の主治医からは精神病院への受診の話も出てきました。

花子さんは、施設側から、一度精神病院を受診して薬の調整などをしてもらったほうが良いと言われました。早速受診に行ってみると、精神病院からは精神病棟への入院を勧められました。ところが、すぐに入院できる病院がなかったため、1カ月ほど待ったあと、精神病院へ入院。そのまま退去の運びとなりました。

花子さんは、「入居していた住宅型有料老人ホームには兄の面倒を親身になり見てくださり感謝しきれない。最初から施設をしっかりと考えていれば迷惑をかけることもなかったのに、本当に申し訳ない」と語りました。

【この事例での教訓】

- 自宅から近く料金面もなんとかなるからと簡単な見学で入居を決めてしまい、施設の種類もあまり知らないまま入居し、最終的には精神病院へ入院する運びとなってしまった。
- 住宅型有料老人ホームなので、基本的には通院などのご家族が対応しなければいけない場面があり、ご家族の負担も大きかった。

Case. 2

ホーム難民の末、民間が運営する住宅型有料老人ホームへ

入居先：住宅型有料老人ホーム
入居対象者：鈴木太郎さん　78歳男性（独居、認知症、脳梗塞、夜間吸引要）仮名
相談者：鈴木一郎さん　52歳男性（長男）仮名
取材者：介護の三ツ星コンシェルジュ編集部

相談者鈴木一郎さんの父・太郎さんは、元飲食店の経営者です。二男一女を育て上げ、奥さまとは65歳の時に死別しています。

子どもが独立したあとは市営住宅で一人暮らしをしていましたが、軽い認知症状が出始めていました。

経済的には年金が3万／月と少なく、長男である一郎さんも一人暮らしで夜勤勤務のため同居が難しかったので、市役所に相談しました。市役所では、70歳である父親には

医療法人系列のケアハウスが良いのではと勧められたそうで、ケアハウスに入居を決めました。その時、併せて生活保護も申請しました。

しかし、75歳の時に脳梗塞を発症した太郎さんは、同医療法人系列の病院へ入院することになり、入院中に要介護2の認定を受けました。左半身に麻痺症状が残ったため、退院後ケアハウスでの生活は難しいとの見解で、ケアハウス生活相談員の紹介で同じ医療法人系列のサービス付き高齢者向け住宅に転居することになったのです。

転居先は24時間介護職員が1人常駐し、医療法人系列の在宅サービス（訪問介護、訪問看護）が受けられるとのことで安心して入居を決めました。

一郎さんは、入院中に認知症状が進んできた父親のことが気にはなっており、父親のいるサービス付き高齢者向け住宅に1回／週で訪問するようになりました。その時、介護が必要な方ばかりが入居しているのに職員が少ないという印象をもっていたそうで、同施設の相談員に聞いてみました。すると、「どこも一緒ですよ」との答えだったので「そんなものかな」と思い、入居を継続しました。

1年後、父親の太郎さんが「着替えたい」ということで着替えを行っている最中に、大きな褥瘡《じょくそう》を発見。生活相談員に告げると、即同系列の病院へ入院となりました。父親の状態が良かったこともあり、１カ月後に退院し、元いたサービス付き高齢者向け住宅に戻りました。

ところが、さらに１年後に２回目の脳梗塞を発症。再度同系列の病院に入院することになったのです。その時にも褥瘡を発見した一郎さん。たまたま出会った隣室の方の家族に相談すると、「ここはもともと軽度の方が対象の施設で、中重度になると対応できないのでは。夜間の見回りもないし、昼間の体位変換もない。昼間でも食事以外はほったらかしですよ」と言われてしまいます。しかし、「父は生活保護だし、入居させていただけるだけでもありがたい」と思い、我慢することにしました。

３カ月で病院を退院するも、太郎さんは夜間吸引が必要な状態になっていきました。入院中に介護保険の区分変更を行った結果、要介護４の認定を受けることに。認知症もさらに進み、息子である一郎さんのことも認識できなくなってしまいました。

サービス付き高齢者向け住宅（サ高住）に戻ろうと生活相談員に相談したところ、「ここでは夜間吸引はできない」と、退居を言い渡されてしまいました。サ高住側からは、次の入居先として同医療法人系列の老健（介護老人保健施設）を勧められたそうですが、入居期間は３カ月。その先については老健の生活相談員に相談するようにと言われたそうです。

一郎さんは同居も難しいため、なんとかならないものかと当社編集部に相談されました。

一郎さんの要望は、「父親は生活保護のため民間の有料老人ホームは難しいだろうから、特養（特別養護老人ホーム）を探してほしい」ということでした。当社で特養を数件当たったところ、すべて「夜間吸引は難しいし、現在満床」との回答でした。次に「民間の有料老人ホームではいかがか」と勧めました。

一郎さんは「民間の有料老人ホームは生活保護なので無理だと思うのですが」とおっしゃいましたが、「低価格型のところは受け入れてくれます」と申し上げたところ、「是非紹介してください」とおっしゃいました。認知症がひどく、重度であることも心配されましたが、ホーム探しを始めました。

早速当たった1件目の住宅型有料老人ホームで受け入れＯＫとの回答。ただ「本人の状況を見せていただいてから正式な返答をします」とのことでした。

一郎さんはその日のうちに見学に行きました。雰囲気もアットホームで立地も気に入られたため、即入居を決めました。翌日、病院に出向き父親の状態を確認し、病院との協議の結果、感染症もなく、ホーム出入りの訪問診療医のＯＫも出たため、正式に入居することになりました。

一郎さんは「自分が思っていた常識ではこちらのホームの入居がＯＫとは考えられなかった。相談して良かった」と。

前入居先の生活相談員や病院のソーシャルワーカーを不審に思っていた一郎さんでしたが、当社からは「我々のような、介護施設全体を知っているプロでないと、なかなか他施設のことは分からないもの。その方々が悪いわけではないですよ」と説明しました。

一郎さんをはじめ、ご家族は有料老人ホームに落ち着いたことで喜ばれ、一件落着しました。

太郎さんは2年間ホームに入居後、80歳で永眠されました。

【この事例での教訓】

- 施設の生活相談員や病院のソーシャルワーカーは意外とほかの介護施設のことは知らない。
- 民間の有料老人ホームは料金が高いと思われがち。生活保護の方を受け入れる施設も多い。
- 民間の有料老人ホームは、サービス内容に特長があるホームが多いため、困難事例でも受け入れてくれる場合がある。そのあたりの情報は民間の入居相談事業者の相談員がよく知っている。
- 特養は要介護3以上の方の入居施設だが、24時間看護体制ではなく、夜間に常時医療が必要な方の受け入れは不可の場合が多い。

三ツ星情報コラム

多々ある『入居相談事業者』の賢い選び方

有料老人ホームなどの入居相談事業者は、利用料が無料の場合がほとんどです。1社目で決めてしまうのではなく、自分に合う相談員に巡り会うまで2~3社連絡してみるのも良いかもしれません。入居相談事業者を選ぶ場合、会社を選ぶのではなく、相談員を選ぶと考えてください。

相談員は自分と同じ価値観をもっているか、言っていることに納得できるか、気軽にいろいろなことが相談できるか、話をよく聞いてもらえそうかなどで選びましょう。

「この人は自分と同じ感性の持ち主だ」と感じる相談員を選ぶことが重要です。

同じ紹介会社のなかでも「この人は自分と違う！」と感じた時には「相談員を代えてください」と頼んで良いのです。代えてもらえないようなら、他社に頼んだほうが結果的に近道になります。

2~3社当たってみて、信頼できる相談員に出会えたら、その相談員が真剣に勧めてくれるホームに素直に入居することが、施設選びを確かなものにしてくれます。相談員がどれだけ親身に相談に乗ってくれるかが決め手です。

施設選びはサービス品質や立地のほかに、経済的な問題がかなり大きなウェイトを占めます。相談員にどれだけ社会保障の知識があるか、どれだけ介護の知識があるかが重要です。

第１章

おさえておきたい介護施設の種類と特長

いったいどんな種類の施設があるの？

高齢者ホームは要介護向けと自立向けというタイプだけではありません。介護を必要とし、かつ費用を抑えたいなら公共的施設である特別養護老人ホーム（特養）、介護老人保健施設（老健）、介護医療院があります。これに対して、民間施設は受け皿が広く、介護が必要なら介護入居タイプの介護付き・住宅型有料老人ホーム、サービス付き高齢者向け住宅（サ高住）、認知症対応型グループホームがあります。元気なうちに入居するのであれば自立入居タイプの介護付き・住宅型有料老人ホーム、サ高住の自立型、シニア向け分譲マンションがありますが、先々要介護状態になった場合も考慮しておきたいものです。ケアハウスや養護老人ホームは、一人暮らしが不安な方、経済的自立が難しい高齢者を対象とした老人福祉施設です。

さまざまな種類の施設がありますが、提供されるサービスや費用、設備がそれぞれ異なりますので、左の図で費用と介護度で比較したホームの種類を知り、ご検討ください。

■シニアの住まいの種類　（費用と入居形態による分布）

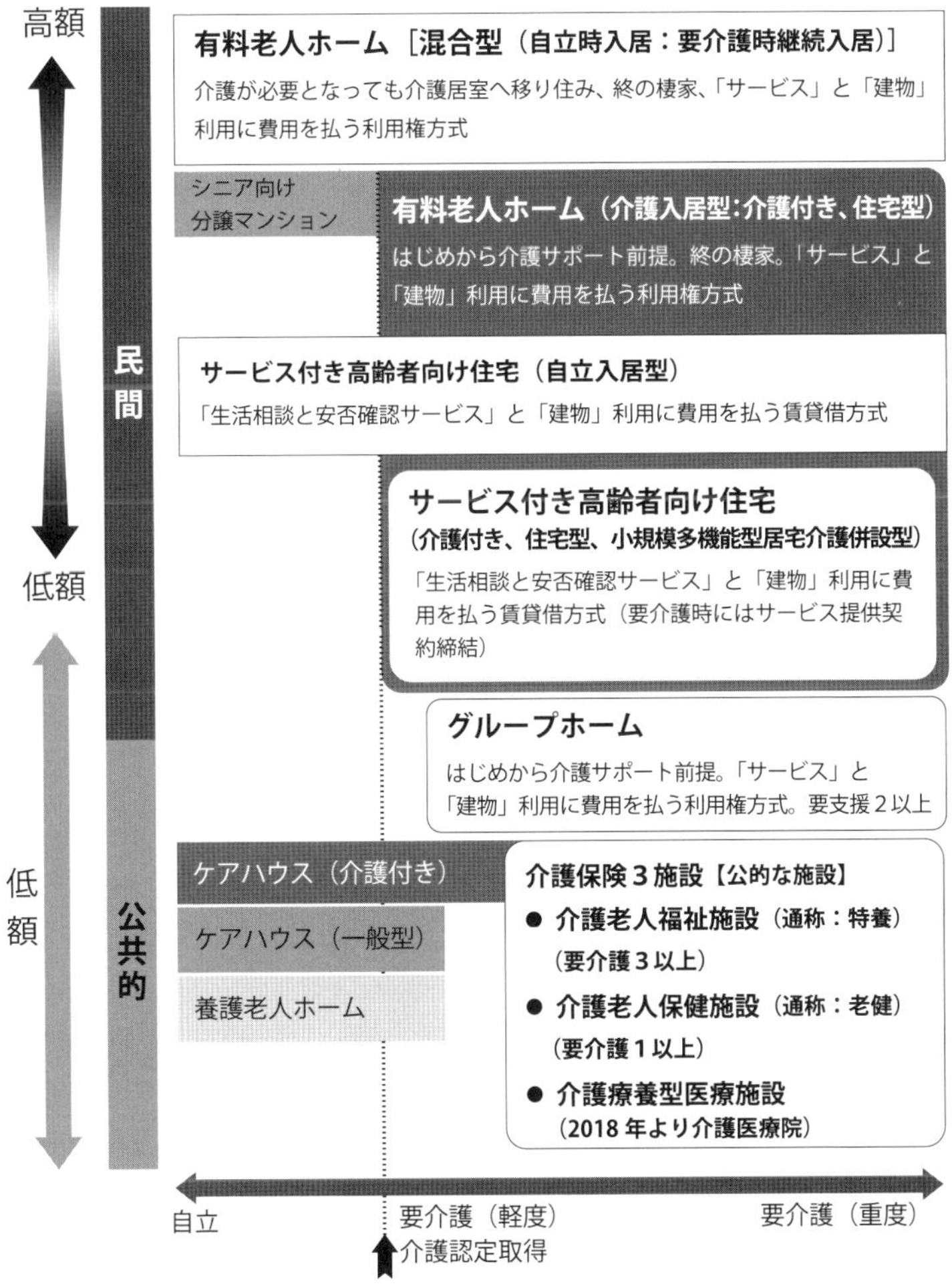

施設ごとの特長を把握しよう

介護サービスの受け方は施設によってさまざまです。「介護付き」は「特定施設入居者生活介護」の事業者指定を受けており、ホームの職員による24時間の介護保険サービスを受けられます。

介護費用は、介護度ごとの限度額の1~3割と決まっており、受けた介護の数や量にかかわらず、毎月一定額です。

「住宅型」は「特定施設」の指定を受けておらず、介護が必要になった場合は、入居者自身が外部の介護事業者（館内併設の場合が多い）と契約し、介護保険サービスを受けることになります。

サービス内容は訪問介護のみ、訪問介護＋実費のケアなどホームによって異なりますが、介護保険で賄えない部分はホームが提供する「介護保険外サービス」で対応する必要があり、介護費用が月々変動する場合もあります。

「介護付き」と「住宅型」は入居条件も違うので、それぞれチェックをしてください。

■要介護時・介護に備えて入居を検討する住居

※ 介護老人保健施設（老健）は住居でないため割愛

まずはこれだけ知っておきましょう	特別養護老人ホーム	有料老人ホーム		サービス付き高齢者向け住宅（サ高住）	グループホーム
		混合型（介護付きが多い）	介護時入居型（介護付き・住宅型）		
入居条件	要介護３～５	自立（施設により要支援要介護も受け入れ可）	要支援 要介護（施設により異なる）	自立 要支援 要介護（施設により異なる）	要支援２ 要介護 認知症状あり
暮らしのイメージ	重度介護の方が多い	居住空間、暮らし、生活の質を重視			認知症状の方々の共同生活
運営母体	社会福祉法人 地方自治体 など	営利法人、社会福祉法人、医療法人 など			
人員配置（入居者に対する職員の割合）	３：１以上	３：１以上	規程なし		３：１以上
介護保険の単位	使い切り（要介護度によりほぼ一定）	使い切り（要介護度によりほぼ一定）	サービス利用を選べるが重度介護時に自己負担増		使い切り（要介護度によりほぼ一定）
減額措置	年収により減額（生活保護可）	なし（生活保護可の施設もあり）			
費用サービス	各施設ほぼ同じ（８万円～13万円）	各施設によりかなりの差異あり（15万円～（介護保険の１割負担含む））			15万円～（介護保険の１割負担含む）

1 介護付き有料老人ホーム

有料老人ホームは、特別養護老人ホーム（特養）とどう違うのでしょうか？
皆さんによく聞かれるご質問です。制度上からいいますと、

・特別養護老人ホーム＝介護施設
・有料老人ホーム＝在宅（自宅と同じ扱い）

なので、介護保険の世界ではまったく別物の扱いとなります。特養は公に準ずる社会福祉法人か社会医療法人しか運営できません。国に代わって運営するので、建設費に助成金が出たり、税金が免除されたりします。特養は国の財政事情により施設数に限りがありますので、民間の力を使って、特養に準ずる施設を増やそうとしてできたものが、介護付き有料老人ホームです。

介護保険上は介護付き有料老人ホームのことを「特定施設入居者生活介護」の指定を受けた老人ホームと呼んでいます。

この指定を受けることにより、本来であれば「自宅」扱いの有料老人ホームが、介護

保険施設（「特養」や「老健」）に準じた扱いになり、運営方法も介護保険施設に準じた運営が認められることになります。簡単にいうと、「民間版特養」ということです。

特養と同じように人員基準が定められており、専門職を配置する義務がある

「民間版特養」なので、施設や設備の規準が介護保険法上定められています。

例えば、人員基準では、

・管理者を１人配置
・生活相談員（社会福祉士など）を要介護者＋要支援者の合計数１００人に対し１人配置
・看護職員を要支援者＋要介護者が30人までは１人、以降50人増えるごとに１人配置
・介護職員（看護職員を含む）を要支援者10人に１人（常勤換算）の割合、要介護者３人に１人（常勤換算）の割合で配置
・機能訓練指導員（看護職員もしくは理学療法士など）を１人配置（兼務可）
・計画作成担当者（ケアマネ）を１人以上配置

という義務があり、これらの人員を必ずそろえないと運営できません。

要介護者３人に介護職員１人といっても、「常勤換算」ですから、１人の１日の労働

時間は8時間、週休2日と考えると、実際には要介護者12～13人に対し、1人の介護職員が常に配置されているという計算になります。

また、病院と違って、「機能回復訓練員」ではなく「機能訓練員」ですので、「回復」させるほどハードなリハビリの実施を求められているのではありません。

それほどに厳しい人員基準ではないと思われがちですが、実は特養とほぼ同基準です。

一般的な有料老人ホームはこのような人員基準が定められていないので、やはり介護付き有料老人ホームは介護保険法上、人員基準がきっちりと定められ、それを守らないといけない分だけ、サービス的にも良いものが期待されています。

民間施設なので、利用料金もサービス内容も自由に決められる

行政の許可が必要ですが、サービス内容は自由に決められます。ですので、各施設、さまざまな特長をもって運営されています。

例えば

・看護職員を24時間365日配置することにより、医療依存度の高い入居者も受け入れ可能としている施設

・理学療法士や作業療法士、言語聴覚士を複数人配置し、リハビリに強い施設
・介護職員を基準よりかなり多く配置することにより、認知症の入居者に手厚いサービスを行ったり、毎日楽しいレクリエーションを実施したり、入浴回数を増やしたり（原則2回／週）している施設
・ケアマネを複数配置し、その利用者に適したケアプランを立て、実践する施設

といったようなことです。

また、利用料金制度についても、高額な入居一時金（例えば数千万）を徴収する施設があったり、月額利用料金（家賃相当額、管理費、サービス費、食費など）も13万円／月～60万円／月までとさまざまです。

ですので、介護付き有料老人ホームを選ぶ場合は、

・入居対象者の身体状況
・入居対象者の医療依存度
・入居対象者の経済状況

をよく勘案し、最も適した施設を選ぶ必要があります。

「施設がきれいだから」「家に近いから」といった理由だけで決めてしまうと、あとあと後悔しますのでご注意ください。

「特定施設入居者生活介護」サービスを受けることができる入居者は？

もう1つ注意しないといけないのは、介護保険を使って介護サービスを受けることが可能かどうかということです。介護付き有料老人ホームで特定施設入居者生活介護の介護保険サービスを受けるために、

①介護予防特定施設入居者生活介護
②特定施設入居者生活介護

の2つの許認可を取っているかどうかを、注意深く見る必要があります。

②の許認可はどの施設でもたいてい取得していますが、まれに①を取得していないホームも存在します。

①を取得していないと、要介護認定が「要支援」の方は、ホームの介護保険サービスを受けることができません。

「自立」の方も、当然介護保険サービスを受けることはできません。「自立」の方が介護サービスを受けるためには、「自費」でホームの定めた料金を別途支払う必要があります。

入居前の契約でこのあたりのことは、ホーム側から十分説明があるので、しっかり

聞いて判断しましょう。

2 住宅型有料老人ホーム

介護付き有料老人ホームや、特別養護老人ホーム（いわゆる「特養」）と住宅型有料老人ホームの違いは何かとよく聞かれます。多くの住宅型有料老人ホームの運用実態を考えると、入居者が受けるサービス面においては、介護付き有料老人ホーム、特別養護老人ホームとそんなに遜色がないのが実態です。介護保険法上は、介護付き有料老人ホームが「特定施設入居者生活介護」という準施設扱いなのに対し、住宅型有料老人ホームは、あくまで「住宅」。法律上（老人福祉法上）は、「高齢者を対象に食事や見守りサービスを提供する施設」というだけで、介護サービスの提供は義務付けられていません。

　特別養護老人ホームが建築補助金などの財政上の都合で、また民間版特別養護老人ホームでもある介護付き有料老人ホームさえも介護保険財政の都合で、行政により厳しい出店規制があります。そんななかで、介護が必要で自宅では暮らせないご高齢者があふれている実態に対応すべく、民間の力で民間の知恵を結集して運営しているのが「住宅型有料老人ホーム」です。

住宅型有料老人ホームで介護サービスを受ける場合の料金制度は、大きく3つ。①家賃相当額、②管理費（もしくは共益費）、サービス費、③食費に大別されます。

管理費、サービス費が民間の英知の結集

住宅型有料老人ホームの特長として、②の管理費やサービス費の部分が「民間の英知の結集」なのです。たいていの有料老人ホームは「夜間の見守り」「緊急コール対応」「生活相談」を行っており、それ以外にホームによっては、看護師の配置による医療的なサービスの補助、介護保険サービスでは賄えない介護サービスの補助、リハビリ、レクリエーションを行っています。介護保険サービスについては、住宅型有料老人ホームを運営する会社が近隣や同一施設内に「訪問介護事業所」や「デイサービス事業所」、「訪問看護事業所」、場合によっては「訪問リハビリ事業所」（同一法人系列の医療機関が運営）を設置し、入居者に介護保険サービスを介護保険の要介護度により規定された区分支給限

度額内で提供しています。

もちろん、自身が希望する他社のデイサービスに通うことも可能な場合もあります。ただ、訪問介護サービスだけは運営の都合上、自社のサービスを利用することをお願いしている事業所が多いようです。

事業所のサービスの特長は多種多様。見極めが大切

住宅型有料老人ホームは、実に多種多様です。そのホームの運営者の理念により、リハビリに強い事業所があったり、レクリエーションに強い事業所があったり、医療依存度の高い方を受け入れてくれる事業所、手厚い介護サービスを提供する事業所など、さまざまな特長があります。

居室の広さも共用施設の充実度もさまざまです。利用料金が高額だから「サービス品質が良い」、低額だから「サービス品質が悪い」ということも一概にはいえません。パンフレットやホームページを見てもよく分からないので、ホーム選びは専門家にお願いしたほうが賢明ではないでしょうか。

3 混合型有料老人ホーム

我々『介護の三ツ星コンシェルジュ編集部』にある相談のうち、ホームを探すのに苦労するのは、次のような相談です。

「ご両親のうち、お父さまが脳梗塞で入院。半身麻痺で車椅子状態。要介護4。お母さまが自立。ご両親お2人だけでお住まいなので、何かあった時に心配だし、お母さまは体力的にご主人を介護するのが難しい。2人が同室で一緒に入居できるホームを探してほしい」

探せそうでなかなか探すのが難しいのがこういった案件です。

我々がこういった場合に相談者に対しておすすめするのが「混合型有料老人ホーム」です。

混合型有料老人ホームとは?

ご夫婦のうちお1人が自立、お1人が要介護3、どちらも一緒に入居できるホーム「混合型有料老人ホーム」とは、介護付き有料老人ホームの一分類です。

そもそも介護付き有料老人ホームは、入居対象を要介護1以上の方に限定した「介護専用型」と、そうでない方（自立・要支援の方）でも入居できる「混合型」があります。「混合型」のなかにも要支援・要介護の方のみが入れるホームと、自立の方も受け入れ可能なホームに分かれます。

ほとんどの介護付き有料老人ホームが、「介護専用型」もしくは「要支援・要介護認定をおもちの方のみが入居可能な混合型」となります。

自立の方も入居可能にするためには、同世代の方と接する機会がもてるレクリエーションやサークル活動を盛んに行い、日常生活に楽しみを付加する必要があるのと、食事に対してのより強い要望に応える必要があるため、事業者としては介護認定をおもちの方のみを対象にしたほうが効率的に運営ができます。

また、自立の方は介護保険を適用できないため、入居者1人あたりの施設への介護保険収入が少なくなり、経営面で施設の運営を圧迫する場合もあります。

こういったことが、自立の方の受け入れを阻害する要因になります。

施設のホームページなどを見ただけでは、自立の方も一緒に入居できる混合型有料老人ホームなのか、自立の方は入居対象外の混合型有料老人ホームなのか、なかなか見分けがつかないのが現状です。

パンフレットを取り寄せ、気に入って見学に行ったにもかかわらず断られるケースも多々あります。

自立の方も入居可能な混合型有料老人ホームを探す場合は、入居相談事業者に相談することをおすすめします。

最近は、住宅型有料老人ホームやサービス付き高齢者向け住宅でも、「混合型有料老人ホーム」のような運営を行うところも出てきました。

一昔前は、「1つの部屋でご夫婦2人がお住まいできる、例えば30m^2以上の間取りがあるホーム」といえば、入居一時金数千万円という高級型の有料老人ホームに限られていました。

お金持ちの方は、「将来の不安に備えて多少の負担をしても仕方がない」ということで入居されていましたが、それ以外の方には「高嶺の花」ということで、ご自宅で老老介護を継続する方がほとんどでした。

しかし、大手を中心に比較的規模の大きい施設を運営する事業者で、自立・要介護のご夫婦のための2人部屋を備えているホームが見受けられます。

関西では、チャーム・ケア・コーポレーションや、学研ココファン、ベネッセスタイルケアなどが運営するホームは、ほぼこういった方々の受け入れが可能となっています。

しかし、こういったホームを探す場合、特に「自立」の方のご要望が多いのが現状です。

「入居費用」「立地」「大浴場・大食堂があるところ」「サークル活動が充実したところ」「居室が30㎡以上」「居室に浴室がついているところ」「洗濯機が置けるところ」などです。

要望が多ければ多いほど、ホーム探しは難しくなってきます。

4 サービス付き高齢者向け住宅

「サービス付き高齢者向け住宅」という名前は、皆さんも一度は耳にしたことがあると思います。

サービス付き高齢者向け住宅の定義とは？

国土交通省のホームページによると、サービス付き高齢者向け住宅とは、「高齢者の居住の安定を確保することを目的として、バリアフリー構造などを有し、介護・医療と連携し高齢者を支援するサービスを提供する住宅で、都道府県知事への登録が必要」となっています。

さらに、

○登録基準として

・住宅：床面積（原則25m^2以上）、トイレ、洗面設備などの設置、バリアフリー

・サービス：サービスを提供すること（少なくとも安否確認・生活相談サービスを提供）

・契約：高齢者の居住の安定が図られた契約であること。前払家賃などの返還ルールおよび保全措置が講じられていること

○事業者の義務として

・入居契約に係る措置（提供するサービスなどの登録事項の情報開示、入居者に対する契約前の説明）

・誇大広告の禁止

○指導監督として

・住宅管理やサービスに関する行政の指導監督（報告徴収・立入検査・指示など）

要は、

・居室面積が25㎡以上（※共用部分を按分し足し合わせて、1室あたり25㎡以上あれば18㎡でも可）
・トイレ、洗面が居室内に設置されている
・少なくとも安否確認サービスと生活相談サービスが受けられる
・行政の指導監督下におかれている

これがサービス付き高齢者向け住宅です。

建物の情報の次に、サービスの内容を見ていきましょう。

2つの種類があるサービス付き高齢者向け住宅

巷に存在するサービス付き高齢者向け住宅を見ると、2種類に分かれています。

①「ケアハウス」タイプと、②「住宅型有料老人ホーム」タイプとに分けて説明していきます。

①「ケアハウス」タイプとは、「ほぼ身体的に自立だけれど、1人で生活するのはちょっと不安というご高齢者向けのタイプ」です。

こちらは、入居時に基本的に自分のことは自分でできる方が入居対象となり、中度程度の介護が必要になったり、認知症を発症したりすると退居となります。

ケアハウスタイプの実態

一言で「ケアハウス」タイプといっても、事業者の工夫でさまざまなタイプがあります。

A．医療法人が運営し、病院や同一法人が運営する介護老人保健施設（老健）に併設しているタイプ。

病気になれば、系列の病院へ入院でき、退院後は系列の老健でリハビリ、そして再びサービス付き高齢者向け住宅に戻ります。

重度の介護状態になると基本退居となります。

B．社会福祉法人が運営するグループホームや特別養護老人ホーム、介護付き有料老人ホームなどの介護施設に併設しているタイプ。

こちらも、普段はバリアフリーの賃貸住宅に住んでいる感覚で生活ができます。サービス付き高齢者向け住宅には日中は生活相談員がいるだけで、夜間の人員配置などはないですが、非常ボタンを押せば併設する施設の職員が駆けつけてくれる場合が多いです。

軽介護状態になると系列の訪問介護事業所から介護サービスを受けられるよう、生活相談員が手配してくれます。

重度の介護状態や認知症を発症すると、併設する事業所への転居となります。いずれにしても、併設する施設がある場合は安心ですね。

②「住宅型有料老人ホーム」タイプとは、要介護認定を取得した方が入居する住宅となります。サービスに関しては、住宅型有料老人ホームと同じです。（※最近、自治体によりサービス付き高齢者向け住宅でも「特定施設入居者生活介護」の認定が受けられる場合も見受けられるようになりました）

5 グループホーム

認知症の方のために誕生したグループホーム「認知症対応型共同生活介護」をご存じですか？「認知症と診断された方々が、その進行を遅らせることを目的として、介護職員の援助を受けながら共同生活を送る施設」のことをいいます。

居室は個室で最大15室を1ユニットとし、そのユニットの中に昼間共同生活を送るためのラウンジ（あるいは、ラウンジのような空間）が配置されています。

国の決まりでは、1施設3ユニットを限度とし、ユニットごとに共同生活を送りながら暮らします。

「認知症患者版シェアハウス」と考えていただければ結構です。

グループホームでの生活

普段は1ユニットという少人数で暮らします。

入居者は食事や入浴などの支援を受けられるほか、手足の機能訓練などを行っています。居室は基本的に個室で6畳程度の広さ。台所、食堂、浴室は共同使用です。

各入居者の残された能力に応じ、料理や清掃といった日常の家事を職員と一緒に行ったり、同じ入居者の車椅子を押したり、生活動作を手伝うなど、お互いに助け合って生活しています。認知症の方でも、部屋に閉じ込めるのではなく、生活のなかでなんらかの役割を与えることで、自信を取り戻し、できることが増えるという好循環につながります。

そうすることで認知症の進行を遅らせ、グループホームでの生活をより長く続けることができるようになります。介護職員が24時間365日配置され、切れ目なく入居者を見守ってくれるという特長もあります。

グループホームは、「介護保険法」上では「地域密着型サービス」に分類され、住民票のある自治体のホームにしか入居できません。

例えば、大阪市内に住民票がある方は堺市内のホームには入居できませんのでご注意ください。入居の基準として要介護認定で要支援2以上と判定された方のみ入居が可能となっています。

比較的心身状態が安定している方が入居するため、都心部では空きが出にくい状況です。入居待機期間の目処が立ちにくいので、複数施設に同時に申し込むと良いでしょう。

6 特別養護老人ホーム

特別養護老人ホーム（特養）は、正式名称は「介護老人福祉施設」と呼ばれ、介護保険法に基づいて介護保険が適用される介護サービスを提供する施設です。老人福祉法第

11条に基づく市町村による入所措置の対象施設となっています。

特養は、車椅子利用の方や、寝たきり、認知症などで、居宅において適切な介護を受けることが難しく、常時介護が必要な方が入所できる施設であり、生活の場を提供する公的な社会福祉施設となります。

入居条件は、要介護認定を受けている方が対象となりますが、２０１５年4月の介護保険法の改正により、要介護3～5の認定を受けた方のみが対象に変更となりました。ただし、要介護1～2の場合であっても、認知症が重度の場合や、家族による虐待があるような場合など、やむを得ない場合には、特例入所が認められる場合があります。

定員29人以下の小規模で運営される地域密着型介護老人福祉施設もあり、少人数の入所者に対して介護老人福祉施設と同様のサービスを提供できる施設もあります。(地域密着型は、居住する市町村に住民票をおく人のみが入所対象となる施設です)

利用者は入所することにより、入浴・排泄・食事などの介護、機能訓練、バイタルチェックなどの日常の健康管理、療養上の世話、レクリエーションなどが受けられます。

すなわち特養は「介護度が高く、日常生活に常時介護が必要な方が入所する住まい」となっています。

24時間介護職員が勤務しており、夜間の介護も安心です。人員配置基準は入所者３人に介護・看護職員を常勤換算で１人以上と定められています。

特別養護老人ホームの現状

特養は、比較的費用負担を抑えて入居できる施設のため、いわゆる待機期間がどうしても長くなりがちで、２０１４年度の厚生労働省の発表では待機者が全国に52万人、施設によっては何百人待ち、入所できるのは数年後……などといわれてきました。

特養にはなかなか入れない……というのが常識となっていたのです。

ところが最近の報道などによると全国の総待機者数が減少してきているとのこと。いったいなぜなのでしょうか。

まずは、先にも触れたように、介護保険法の改正により２０１５年から入所基準が変更され、それまで入所者の介護度が「要介護１～５」と定められていたのが「原則要介護３以上」と変わり、要介護１～２では原則的に入居できなくなったからです。

入居後に介護度が下がった場合、原則として退去しなければならなくなったため、待機者数も減少傾向にあると考えられます。

また、比較的安価な有料老人ホームやサービス付き高齢者向け住宅などの台頭もあり、特養の空きを待ちきれず、いったんそれらの施設に入所し、そのままその施設で生活を継続し待機を諦めるというケースも増えてきています。

すなわち選択肢が特養だけではない状況となってきていることも理由の1つに挙げられるかもしれません。

とはいえ、安価で入所できる特養。介護が必要な方が住まいの候補として考える施設としては、必ず含まれることになるでしょう。

7 介護老人保健施設

老健は正式名称を「介護老人保健施設」といい、介護を必要とする高齢者が自宅や施設において、自立した生活に戻れるよう、医学的な管理のもと医師が常勤し、看護や介護、リハビリテーション、栄養管理、食事や入浴などの日常生活を提供する施設です。

夜間も介護職員はもちろんのこと、看護職員が24時間配置されている施設もあり、安心して自宅復帰を目指すことができます。

介護保険法により定められた施設のため、介護保険3施設のうちの1つという位置付けになっており、一般的に運営している事業者は、医療法人です。

老健は、「入院したものの病状も安定し退院が近づいているが、自宅での生活は少し難しいため、自立した生活が送れるようリハビリテーションを中心としたサポートが必要だと認められた方が入所する施設」であり、終の棲家として入所する施設ではありません。

在宅復帰が目的の施設であるため、入所期間も3~6カ月と限定的となっています。入所条件は、65歳以上の要介護1~5の介護認定をもった高齢者。

老健も特養同様、人員配置基準は入所者3人に介護職員を1人以上と定められていますが、リハビリテーションの専門職であるOT（作業療法士）、PT（理学療法士）またはST（言語聴覚士）を必置としているのは老健施設だけです。

8 ケアハウス

介護施設の入居相談業務を行っていますと、「有料老人ホーム」、「サービス付き高齢者向け住宅」と「ケアハウス」を混同されている方が多数いらっしゃることに気づきます。「ケアハウスを探してほしい」と言われて、本当の意味でのケアハウスを紹介しようとすると、実は、有料老人ホームやサービス付き高齢者向け住宅を探しておられる方がほとんど。

では、実際の「ケアハウス」とはどのようなところでしょうか。

実は「希少」なケアハウス

「ケアハウス」とは地方自治体や社会福祉法人が運営する福祉施設です。

介護が不要な方や比較的介護度が軽い方が対象です。

近親者からのサポートを受けることのできない高齢者などの日常生活のサポートを提供するために設けられた施設で、料金は比較的安価に設定されています。たくさんあるように思われがちですが、人口の多い大阪市でも19施設しかありません。「有料老人ホーム」や「サービス付き高齢者向け住宅」が大阪市内で２００施設以上あることを考えると、その10分の１しかありませんので希少性が高いことが分かります。

ケアハウスの種類は主に、一般型・介護型に分けられます。一般型は、自立の方や軽介護の方が入所する施設であり、終の棲家として入所する施設ではありません。介護型は「特定施設入居者生活介護」の許認可を得た施設なので、看取りまで過ごせる施設も多いのです。

9 小規模多機能(看護小規模多機能)型居宅介護

よくある相談のなかに、「老老介護で両親が２人で暮らしているんだけれど、父親の要介護度が進み、少し認知症状もあり、時々母親に暴言を吐き、母親も疲れ気味。ホームに入ってもらいたいのだけど、父親は自身の認知症を認めないし、ホーム入居を拒否。母親が父親の介護で疲れてしまい入院。どうしたら良いのでしょう……」というものがあります。

お父さまの気持ちも分かりますし、お母さまの状態も心配ですね。ご家族もお父さまの介護に出向き、いつまで介護を続ければ分からないのでとても不安を感じておられます。

このような相談を受けた時にご紹介するのが「小規模多機能（看護小規模多機能）型居宅介護」です。訪問介護＋デイサービス＋入居施設が1つになったサービスが受けられます。

普段は訪問介護とデイサービス（こちらのデイサービスには毎日行くことが可能）のサービスを受け、日中はデイサービスに通ってもらい、家にいる時は訪問介護のサービスを受け、家族の負担を減らします。

家族が介護に疲れたら、入居施設でショートステイもしくはロングステイ（1カ月以上の継続入居も可能）を選択できます。このサービスを活用すれば、「ホームに入りたくない」というお父さまと、「介護に疲れてどうにかしてほしい」というお母さまのニーズを両方とも叶えることが可能です。

うまく使えば、ご家族の介護負担がグーンと減る小規模多機能居宅介護。残念なのは、介護保険法の規定上、このサービスを利用できるのは、その自治体に住民票がある方だけという点です。

介護にお困りの方は、一度、ご近所の施設を訪ねてみてはいかがでしょうか。

三ツ星情報コラム

高い要介護認定を取るためのコツ

要介護度により利用できる介護保険のサービスの種類が制限されたり、利用限度額が変わったりするのはご存じかと思います。

「要支援」と「要介護」では利用限度額が大きく違いますし、「要介護1」と「要介護2」では例えば福祉用具などで介護保険を使って利用できる用具に大きな差が出ます。要介護認定を所持している方も、要介護認定の結果に納得できない人が多く利用する「区分変更申請」を行えば、必ずといっていいほど現状の要介護度よりは高い認定を受けることができますので覚えておきましょう。初めて要介護認定を受ける方も、思ったより高い認定を受けることができます。正当な要介護認定を得るためのコツを5点紹介します。

1．かかりつけ医師を味方につける

要介護認定を決めるのに重要なのが「医師の意見書」。通常はかかりつけの医師が記載してくれます。実はこの主治医意見書がとても大切。対象者の病状が今後どうなっていくかは、医師にしか分かりませんし、医師は当然ながら患者第一で物事を考えます。かかりつけ医とは普段からコミュニケーションを取っておき、味方につけましょう。

2．手術が必要な疾病で入院した場合は術後すぐに要介護認定の申請を

入院中、特に術後は体力が低下しているもの。また、その方の病状に詳しい主治医が意見書を書いてくれるのも強みです。

3．訪問調査は夕方以降にしてもらう

訪問調査を依頼する時間帯も重要。シニア世代は午前中は体力があり元気です。元気に振る舞われると、調査員も「この人結構できるな」と思ってしまいます。そのため、午後以降、できれば夕方に調査を依頼したほうが本人の身体状況をよりよく知っていただけます。

4．訪問調査前に掃除をしない

訪問調査ではありのままを伝えないと実際とは異なる判定結果となってしまいます。シニア世代は体力的にも掃除は苦手なはず。「できない」ことは「できない」と伝えることが大切です。

5．認定調査には必ず立ち会うことが必要

立ち会う際には、普段の親の行動をメモにしておき（例えば○月○日に徘徊し家族総出で捜索したなど）調査員に手渡すことや、ありのままの姿をスマホで撮影しておき、調査員に見てもらうことも重要です。

調査員は目の前の事象を正確に記録する傾向があるため、普段の行動をメモやビデオで知ってもらうことも必要です。

第2章

実際に見学してみることが大事！入居者のライフスタイルに合った施設を選ぶポイント

あらためて有料老人ホームとは？

第1章では、高齢者施設にはいろいろな種類があることが分かりました。そのなかでも、本書では「有料老人ホーム」に着目しています。もし、肉親やご自身が要介護状態になったらどうなさいますか？　認知症が進行していたり、介護者の事情で家で介護ができない状態になったりした場合、選択肢のなかで最も身近にあるのが「有料老人ホーム」だからです。

実際のところ、有料老人ホームがどのようなところかご存じの方は少ないのです。テレビなどでよく出てくる介護施設を思い浮かべる方がほとんどかもしれません。しかし、その映像が特別養護老人ホームなのか老人保健施設なのか、有料老人ホームなのか、皆さんは区別がつかないのではと思います。

まずは有料老人ホームはどのような場所なのか、どのような雰囲気なのかをあらためて知る必要があります。

ご自分の目で見て、どのような場所かをきちんと認識してから、有料老人ホーム選びを始めることをおすすめします。

よくインターネットサイトを見ていると、「有料老人ホームのチェックポイント10選」「老人ホーム選びのポイント」などが出てきます。そこに書いてあるポイントをご覧になって、皆さんはそのチェックポイントの良し悪しがお分かりになるでしょうか？　答えは「否」でしょう。

どこの有料老人ホームに行くのがベストだろうか

有料老人ホームにはさまざまな料金体系があります。ほとんど民間が運営していますので、入居一時金１０００万円超えの高価なホームから、入居一時金０円月額利用料15万円以下のホームまで多種多様。

月額利用料が15万円しか払えない方が月額利用料40万円超えのホームを見学してどうすれば良いのでしょうか？

ご理解いただきたいのは「介護の沙汰も金次第」ということ。料金が高いホームのほうが人員配置も多く、看護職やリハビリ職などのさまざまな職種の職員がおり、設備も豪華です。

ただし、それに比例してホームの「居心地が良くなる」「職員の対応が良くなる」「サービスの内容が良くなる」とは限りません。

まずは入居される対象者の収入（年金額、預金額、そのほかの収入）を考えてみることです。

入居される方の年齢が85歳、要介護度が2、年金が15万円／月、預金が５００万円なら、寿命を全うされるのが95歳くらいまでと仮定し、預金で補填するなら５００万円÷１２０カ月＝４万円／月程度。その方の資産だけでいくなら19万円／月のホームが限界です。あとは、ご家族でどれだけ補填できるかを考える必要があります。

注意が必要なのは、パンフレットに「月額利用料」として掲載されているものについては家賃、管理費、食費（30日分）のみだということです。実はそのほかに、介護保険の自己負担分（１〜３割まで：入居対象者の介護保険証に記載されています）、医療費（訪問診療費）、場合によっては居室の電気代、各種消耗品費、将来的にはオムツ代があります。これらを加味するとプラス５・５万円は考慮しないといけません。捻出できる予算を考えたうえで、見学すべきホームを決めましょう。

ホームの選択肢をもつためにも、まずは見学！

だいたいの施設の費用の目安が付いたら、とにかく足を運んでみましょう。見学する施設を選ぶのはそれほど難しいことではありません。インターネットサイトで、例えば、見学に行かれる方が兵庫県西宮市にお住まいなら、「兵庫県西宮市の有料老人ホーム」と入力してみてください。ホームやホーム検索サイトがずらりと出てきます。そのなかで予算に合ったホームを選択し、資料請求をし、見学の予約を取ってください。

見学時の４つのチェックポイント

晴れて見学が決まったら、有料老人ホームがどのようなところなのかを理解しましょう。施設では、見学に対応いただけるのはその施設の生活相談員の方か、その会社の営業職員の方です。きっと親切丁寧にいろいろと教えていただけるでしょう。

入居対象者の年齢、要介護度、普段の生活歴、病状などを告げればアドバイスもいただけます。

見学時のチェックポイントとしては大きく分けて４つあります。

１つ目にそのホームの雰囲気が入居対象者の性格に合致しているか。２つ目にホームの入居者の雰囲気や身だしなみ。３つ目に職員の身だしなみや雰囲気。笑顔が多く、気さくに挨拶してくれるか。４つ目にホームが清潔かどうかです。

できれば見学の予約時に「ホーム長に会いたい」と伝えておき、ホーム長に会いましょう。ホーム長は運営の司令塔です。その方がどのような考え方でホーム運営を行っているかはとても重要です。

帰りにはパンフレットだけでなく、「重要事項説明書」を必ずもらってください。断るホームは基本ＮＧと考えたほうが良いです。

このようにして、まずは1件ホームを見学し、自身のなかでホーム選択肢をもつことをおすすめします。

本格的にホーム選びを開始する時、場所は違っても、「あの時のホームと比べると、こうだった」、「あの時のホームよりはこちらのホームのほうがスタッフの雰囲気が良かった」などの基準ができます。

そうなれば、インターネットサイトの「チェックポイント」を見ても、内容がよく理解できてくるはずです。

有料老人ホーム選びには、何がなんでもまず見学することが重要なのです！

無理のない施設を選ぶ費用の目安とは

ホームによって、かかる費用はさまざまです。前述のとおり、有料老人ホームの検索サイトやホームページには、入居一時金、月額利用料（家賃、管理費、食費）は掲載されていますが、そのほかにかかる費用が書かれていないことが多いのです。

介護保険の自己負担分（収入によって1〜3割）が代表的なもの。それ以外に医療機関への在宅医療費、オムツ代、衣類のクリーニング費、理美容代、レクリエーション費用などがあります。

また、外出する時の交通費、通信費、電気代なども負担が必要。要介護3を超える場合は、これらの費用を合わせると5・5万円／月を超える場合もあります。

これらを忘れて月額利用料だけで考えていると、あとあと大変になります。せっかく選んで入居を決めたホームでも、軍資金がなくなり退去という方もいらっしゃいますので、費用の目安はホームに入居を決める前に、十分に確認しましょう。

費用は10年間の目安をもって考える

よく、当編集部に寄せられる質問に、入居一時金方式を選択すれば良いのか、月額利用料方式を選んだほうが良いのかということがあります。

入居一時金とは、有料老人ホーム特有のシステムで、それを支払うことでホームを終身利用する権利を取得するものです。少ないところでも数百万円。多いところでは数千万円かかる場合もあります。

入居一時金は入居時に初期償却され（10〜30％程度）、残りの金額を、例えば要介護者のみを受け入れるホームの場合は、4〜7年ほどで償却していきます。

償却年数が残っている途中で退去すると、未償却分が戻ってくる仕組みです。どちらが良いのかということは、入居される方の年齢と疾患を考えてみてください。

例えば、悪性腫瘍などの疾患がなく80歳前後だと、10年くらいはホームでお過ごしになると考えるのが妥当です。それに伴う料金を考えてみて、入居一時金を支払うほうがお得なのか、月額利用料のみで支払うほうがお得なのかをご判断ください。

入居一時金というものになじみがない方は、数百万円以上と高額なので、どうしても月額利用料方式を選択しがちですが、冷静に計算してみると、意外と一時金方式を選択するほうがお得な場合もあります。

いずれにせよ、いったんホームに入居すると、軍資金が切れたからといって在宅生活に戻るのは、介護をする側もされる側も大変なことです。

親の介護は突然やってきますので、いざとなると冷静な判断ができない場合のほうが多いのです。そういう場合は入居相談事業者に相談することをおすすめします。

対象者のライフスタイルを尊重した施設選び

施設見学に行こうとされている皆さんは「老人ホーム」について、「暗い」「自由がない」「有料老人ホームは高い」「閉鎖的」「介護が必要な人が入居するところ」という印象をもたれているのではないでしょうか？

しかしながら、一度でも老人ホームを見に行かれたことがある方は、違った印象をもたれているのではないでしょうか。

意外と「明るい」「結構自由な生活」「開放的」「自立の高齢者も入居できる」と感じられた方も多いのではないでしょうか。

もちろん、「いつまでも元気に自宅で暮らし、最期を迎える時は家族に看取られて静かに……」という思いをもたれている方も多いに違いありません。

確かに、自由気ままな暮らしを、住み慣れた自宅でできれば、それは何にも勝ると思います。

当編集部でも、高齢になってからの暮らし方について「自宅」と「高齢者の住まい」のどちらが良いかとスタッフで議論をしたら、現時点ではやはり「自宅」と答える者がほとんどでした。

しかし、その時々の状況によっては、意外と「高齢者の住まい」を選択することが、かえって健康で楽しい暮らしを実現できる結果になることもあります。

有料老人ホームの入居にまつわることや暮らしについて、本書でも触れていきたいと思います。

ホームへ入居することで健康で楽しい暮らしを実現

ご夫婦で一戸建に住んでいたSさんは、残念ながら奥さまがご逝去され、一戸建にはSさんお１人での生活を余儀なくされていました。

Sさんは、80歳代後半を迎えられた高齢男性。まだまだお元気で、ご自身のことはすべてできる自立の方。高齢男性の一人暮らしは、炊事、洗濯などままならないことも多く、ご親族も日々心配が尽きないというご様子でした。

ご子息は同居を提案し、Sさんはご子息宅での生活をスタートさせました。ところが、日中は息子夫妻が共働き、学生であるお孫さんも不在がちでした。食事も若い人の食事であるため慣れず、奥さまを亡くされた寂しさと、ご子息家族への遠慮もあり、Sさんは部屋へ引きこもりがちになる毎日でした。

Sさんのそのような姿に心を痛められ、ご子息は思い切って有料老人ホームへの入居検討をご相談されたそうです。

結果的に、ある有料老人ホームをSさんが気に入られ、すぐに入居されることとなりました。通常、有料老人ホームは３食の食事提供があり、昼夜問わず困り事をサポートしてもらえる住まいです。Sさんが入居された有料老人ホームは、そのなかでも「混合型有料老人ホーム」と呼ばれる種別のもので、24時間毎日、介護スタッフによる介護保険サービスが受けられる住まいです。

将来介護が必要となった場合（歩行介助、入浴介助、食事介助など）でも、介護保険サービスを利用しながらそのホームで暮らすことができるため、将来の安心も約束されています。

ご入居後は、Sさんの気さくな性格も奏功し、ほかの入居者やホーム職員ともすぐに打ち解けられ、さまざまなイベントやサークル活動にも参加されたり、好きな時に外出されたりと、活動的な毎日を送っておられました。

ご子息家族も頻回にホームへ来られ、親子関係もたいへん良好のようでした。

このように、「ホームへ入居することで健康で楽しい暮らしを実現できる」という結果もあります。

親はもとより、自分自身の高齢時の住まい方や介護については、誰もが直面し考えなければならないテーマです。本書を通じて、高齢者の住まいがより身近なものとして感じていただければ幸いです。

ホームページはブログを。重要事項説明書で詳細内容を

有料老人ホームの情報を取ろうとする時に、最初に接するのはなんでしょうか？

まずはホームのホームページではないでしょうか。次にパンフレットです。

ウェブサイトはページ数の制限もあるため、「料金」「場所」「大まかなサービス内容」などが掲載されています。ウェブサイトで注目していただきたいのが、ホームの様子を伝える「ブログ」や「ＳＮＳ」です。

ブログやＳＮＳを運営しているのはホーム長や生活相談員、事務員の方々です。ブログがあるということは、ホームの状況を広く一般に伝え、皆さんに知ってもらおうという姿勢がある証拠です。

ブログやＳＮＳが定期的に更新され、情報開示を常に意識しているホームに悪いホームはありません。より詳しい情報が欲しいホームからは、パンフレットと重要事項説明書を取り寄せましょう。

パンフレットは優れた部分を大きく、弱みは小さく書いている

パンフレットは、基本的には「入居者を募集する」という目的で作成された「広告」だという感覚で見てください。

他社ホームより優れているところは、パンフレットで大きく目立つように記載されています。逆に弱い部分は、あまり目立たせることなく小さく記載されているのです。

有料老人ホームには「広告などに関する表示ガイドライン」があり、優良誤認を与えたり、不当に消費者を誘引する表示は禁止されており、記載すべき情報につき細かく規定されています。ですから、得意分野は大きく、不得意分野は小さく表示しているのです。

時々、パンフレットのないホームや、あってもものすごく簡単なものしかないホームがあります。こういったホームは、「ある特定の病院や入居相談事業者とつながっている場合」が多いホームです。広告活動にお金をかけなくても、入居者を集めるルートを有しているのです。

このようなホームは要介護度の高い重度の入居者が多い傾向にあるといって良いでしょう。寝たきりや認知症の方、医療依存度の高い方が多く、看護体制がしっかりしている一方、レクリエーションやリハビリはあまり充実していない傾向にあります。軽介

護の方には適さないホームかもしれません。

重要事項説明書はどの施設も携えなければならないもの

ウェブサイトやパンフレットはホームの「伝えたい情報」が大きく掲載されている一方、「伝えたくない情報」は目に入りにくくなっています。

また、ホームの見学に行っても、パンフレットに掲載されている「伝えたい情報」を中心に説明されてしまいます。

では、どうすれば「伝えたくない情報」を把握することができるのでしょうか？　答えは、ホームの「伝えたい情報」「伝えたくない情報」が公平に記載されている「重要事項説明書」です。

都道府県によって表示順や項目に若干の違いはあるものの、同じ内容が同じ表示方法で記されています。つまり、特定の項目を目立たせて表示したり、表記したくない情報を隠したりすることができない書類なのです。

重要事項説明書が「読める」ようになることで、複数のホームの比較が容易にでき、見学の時には要点を絞って質問したり確認したりすることができます。

重要事項説明書に掲載されている情報は大まかに次の7つです。

1．ホームの類型（「介護付き」か「住宅型」か）
2．入居時の要件（主に要介護度。自立の方の受け入れの可否）
3．建物に関する説明（所有か賃貸か。居室の広さ。共用施設）
4．従業員の説明（配置人員。職員の資格。職員の介護従事年数。離職率。夜間体制）
5．介護サービスの内容・協力医療機関、食事委託事業者の情報
6．利用料金
7．入居者の状況（要介護度。男女比率。平均年齢。退去者数。退去先）

これらの情報を知ることで、ホームの全体の概要が理解できます。ただし、一般の方が内容を理解するのは至難の業。専門家（ケアマネジャー、入居相談事業者の相談員など）に相談して、自分の知りたい項目について教えてもらうことをおすすめします。

重要事項説明書を事前にもらえるホームに入居したい

重要事項説明書は、ホームの良い点も悪い点も掲載されているので、事前に渡すのを

嫌がるホームがほとんどです。全体のホームの8割程度はすぐには出してくれません。質の悪い業者では入居契約時にしか説明せず、さらには「大事なところだけ端折りながら説明します」と言って、ホームにとって伝えたくないところを飛ばして説明する業者もいます。

重要事項説明書は行政からも開示を義務付けられている書類ですから、パンフレット請求時や見学の予約時に入居希望者の状況をきちんと伝え、冷やかしでないことを説明すると、まともな業者なら送ってくれるはずです。

重要事項説明書から職員の質を見抜く

昨今、有料老人ホームの職員による入居者への虐待のニュースがよく取り上げられます。特に大きな話題となったのが、２０１４年11月に起きた神奈川の某ホームでの転落死事件。ホーム職員が認知症の高齢者を転落させた事件です。介護施設での虐待判断件数は平成26年度で約３００件と、年々増加しています。なぜ増加するのでしょうか？原則的に業界の慢性的な人手不足がベースになっていると考えられますが、それに加え認知症ケアの難しさ（入居者からの暴言や暴力）、ホーム職員の経験不足（認知症への理解が十分でなかったり、根本的な常識に欠ける部分があったり、本来雇わない人材を人手不足で雇ってしまったり）などが原因として挙げられます。

虐待の多寡は、ホーム料金の高低に比例するものではありません。価格が高いホームだからといって、一概に虐待が少ないとはいえないのが現状ですが、虐待の起こりにくいホームとして考えられるのが、次の5点です。

①ホーム長が明るくリーダーシップを発揮している
②職員の表情が明るく、笑顔が多い
③従業員の経験年数が長く、離職率が低い
④ホームの看取り能力が高い
⑤地域住民にホームが開放されており、運営懇談会が定期的に開催され、家族の出席率が高い

②、⑤はホーム見学時に質問したり、様子を見たりしないと分かりませんが、③、④は重要事項説明書に記載されています。以下、重要事項説明書での従業員の経験年数、離職率、看取り能力についてどのように見抜いていくのかを説明しましょう。

大阪府豊中市の某介護付き有料老人ホームの重要事項説明書を抜粋したものを見てみ

ます。74ページの図表①をご確認ください。「職員体制」の表を見ると、このホームは介護職員と看護職員を合わせて37人です。「職員の状況」の表の前年度1年間の退職者と採用者数を見ると、このホームは前年13人が退職し、13人が採用されています。ですので、このホームの前年の離職率は13人／37人で約35％。ただし、このホームは、大手が運営しているホームで転勤などで離職する場合もカウントされています。実際の離職率が35％かどうかは定かではありませんが、おおむね35％程度であることは確かです。

公益財団法人介護労働安定センター平成30年度「介護労働実態調査」の結果によると、介護職（訪問介護員・介護職員）の実際の離職率は平成30年は15・４％。この数字から考えると、この施設は離職率が高いといえるでしょう。

また、「職員の状況」を見ると、同施設は直接処遇職員のうち、経験３年未満の職員が20人。全体の54％。比較的ベテラン職員が多いホームといえます。介護福祉士の資格を有する職員も16人おり、介護職員の57％を占めています。介護に対する志が比較的高い職員が多いといえるのではないでしょうか。

図表①

[重要事項説明書でチェック]

職員体制（職種別の職員数）

この項目情報は、サンプルです。

	職員数（実人数）合計	常勤	非常勤	常勤換算人数	兼務している職種名および人数
管理者	1	1	0	1.0	
生活相談員	2	2	0	1.0	介護職員、計画作成担当者
直接処遇職員	37	20	11	27.6	
介護職員	28	17	11	21.8	生活相談員、計画作成担当者
看護職員	9	3	6	5.8	
機能訓練指導員	4	0	4	1.0	
計画作成担当者	1	1	0	0.1	生活相談員、介護職員
栄養士					外部委託
調理員					外部委託
事務員	3	0	3	1.2	
その他職員	7	0	7	2.3	
1週間のうち、常勤の従事者が勤務すべき時間数					40.0 時間

資格を有している介護職員の人数

	合計	常勤	非常勤	備考
社会福祉士	0	0	0	
介護福祉士	16	10	6	
介護福祉士実務者研修修了者	0	0	0	
介護職員初任者研修修了者	12	7	5	
介護支援専門員	0	0	0	

職員の状況

管理者			
他の職務との兼務			なし
業務に係る資格など	あり	資格などの名称	介護福祉士（2019 年 3 月 1 日変更）

	看護職員 常勤	看護職員 非常勤	介護職員 常勤	介護職員 非常勤	生活相談員 常勤	生活相談員 非常勤	機能訓練指導員 常勤	機能訓練指導員 非常勤	計画作成担当者 常勤	計画作成担当者 非常勤
前年度 1 年間の採用者数	0	6	5	2	0	0	0	0	0	0
前年度 1 年間の退職者数	3	5	3	2	0	0	0	0	0	0
業務に従事した経験年数に応じた職員の人数 1 年未満	4	2	2	2	1	0	0	1	0	0
1 年以上 3 年未満	0	3	4	3	0	0	0	0	0	0
3 年以上 5 年未満	0	0	8	2	1	0	0	1	1	0
5 年以上 10 年未満	2	1	3	3	0	0	0	1	0	0
10 年以上	0	0	0	1	0	0	0	1	0	0
備考										

従業者の健康診断の実施状況	あり

看取り能力はどのように確認するか

　では、このホームの看取り能力は高いのでしょうか？　看取り能力を知るためには、退去者の状況を知っておく必要があります。下にある図表②をご確認ください。

「前年度における退去者の状況」を見ると「死亡退去」が9人。ほぼ毎月、看取っているといえるので、看取り能力の高いホームだと分かるでしょう。

　このように、重要事項説明書を紐解けば、そのホームの職員力がある程度見えてきます。

図表②
前年度における退去者の状況

退去先別の人数	自宅など	0人
	社会福祉施設	1人
	医療機関	3人
	死亡者	9人
	その他	3人
生前解約の状況	施設側の申し出	0人
	入居者側の申し出	7人

見学時のチェックポイント

老人ホーム紹介サイトなどで掲載されている「有料老人ホーム見学時のチェックポイント」を見てみましょう。

例えば、A社のサイトでは10のチェックポイントとして、

①スタッフの身だしなみと挨拶
②入居者の顔色や身なり
③介助の様子でスタッフの質を見る
④食事中の様子を見せてもらう
⑤献立で食事への工夫を確認する
⑥個別食・治療食に応じてくれるか
⑦まずは清潔かどうかが第一
⑧居室の間取りや備品、日当たりなど
⑨ホーム内環境と外部・周辺環境
⑩イベントやレクリエーションなど

が挙げられています。

A社は「見学時のポイント」を分かりやすく示していますが、10項目をすべて満たすホームとなると高価格帯になるでしょう。

予算面を精査してから見学するホームを選択することをおすすめします。

チェックポイントの裏ワザ

それではA社のチェックポイント①～⑩のなかから、見学時の裏ワザをお伝えしましょう。

①スタッフの身だしなみと挨拶

・メモやペンを携帯し活用しているか。手や腕にメモを取っていないか。なぜならば、介護職は超多忙。そんななかでも入居者の状態変化があればきちんとメモできるよう、常にメモとペンを携帯しているかチェックしてみてください。忙しいからと腕や手をメモ帳にしている職員も多いですが、そんなメモでは時間が経てば忘れてしまいます。

・ホーム長や営業の方と離れてみてもきちんと明るく挨拶してくれるか。見学時に見学応対職員さんから少し離れてみてください。「トイレをお借りします」がいちばん良いかもしれません。見学応対職員と離れていても笑顔で挨拶してくれる職員が何人いるか。ここが重要です。

②入居者の顔色や身なり

・着用している服装をチェック。きれいな服を着用していても、パジャマやジャージでは嫌ですよね。そんなホームはモーニングケア時にきちんと着替えを行ってくれないホームです。

④食事中の様子を見せてもらう

・見学時間を食事時間帯にして食事介助の様子を見る。声をかけてコミュニケーションを取りながら、食べやすい大きさに刻み、ゆっくり食事介助をしているホームは、全体の介助力も高いといえます。

⑥個別食・治療食に応じてくれるか

・献立表は必ずチェック。見学時にはパンフレットと一緒に「献立表」を渡してくれるホームがほとんど。逆に渡してくれないホームは要注意です。

・治療食対応は必ずチェック。特に糖尿病、腎臓病の方は要注意です。これらの病気をおもちの方は、きちんと対応してくれるかどうかは必ずチェックしてください。

⑦まずは清潔かどうかが第一

・共用トイレ、脱衣室、廊下、事務室をチェック。最も汚れやすい場所は共用トイレと脱衣室。こちらの清掃が行き届いているか、整理整頓されているか。両箇所を見ればホーム全体の清掃への姿勢がよく分かります。

また、廊下が物置になっていないか、事務所の机に書類が山積みになっていないかもチェックポイントです。

⑧居室の間取りや備品、日当たりなど

・見落としがちなのがトイレのウォシュレット。あと、介護付き有料老人ホームなら介護ベッドや車椅子が買い取りや有料貸し出しになっていないかをチェックしてください。

⑩イベントやレクリエーションなど

・入居対象者の好みに合った共用施設やイベント・レクリエーションがあるか。ホームでの生活は退屈なもの。入居対象者の趣味や希望に対応できる共用施設があるかどうかは要確認です。

結局は居心地。ホーム長に共感できるかがポイント

なにより大切にしてほしいのは、①ホームで長く暮らせるか、②自分に合ったホーム

か、③居心地が良いかの3点。

特に看護体制、医療連携、認知症対応力は要チェックです。せっかく、入居したホームでも病気になり入院してしまったら、元も子もないからです。

入居対象者の健康状態を鑑み、もともと身体の弱い方、病気がちな方は医療看護体制が整ったホームを選びましょう。

また、認知症が進行し、「対応できませんから退去をお願いします」というホームもよくあります。認知症の方は、ホームの認知症対応力のチェックも忘れずにしてください。

なによりも大切なのは、「自分に合った、居心地の良いホーム」を選ぶこと。

そのためには、「これっ!!」と思ったホームでも、慌てて入居を決めずに5日間程度の体験入居を経て入居されることをおすすめします。

居心地の良い施設は？　整理整頓はイロハのイ

有料老人ホームを見学する時に、どのような方でも見た目でチェックできるのは、ホームがきちんと整理整頓されているかということです。

まずは玄関ホール。きちんと片付いているか、きれいに清掃されているか、ここまではできているホームがほとんど。逆に玄関ホールが清潔に保たれていないホームはＮＧだと思ってください。入口におもてなしの花や絵などが飾られていれば、なおさら良いですね。ホーム長のおもてなしの気持ちが表れています。

玄関ホール脇にはたいてい事務所が併設されています。ここでのスタッフの対応も重要。きちんとご挨拶していただければ合格です。

事務スタッフにも教育が行き届いているかも重要なポイントです。ホームに入る前に手洗いうがいを勧められるか。これもポイントです。

入居者は高齢者ばかり。感染症を外から持ち込まないように配慮されていれば安心ですね。低価格型のホームでは特にここのチェックが重要です。消毒液を削減するようでは経営者の資質が問われます。ホームに入り、相談室などに通されたら、お手洗いを借りてみてください。トイレが清潔に保たれていることもポイントの１つ。トイレの状況はホームすべての整理整頓・清掃の姿勢を表しています。トイレが汚れているにもかかわらず、館内が片付いているホームは見たことがありません。

館内が美しいホームはスタッフの挨拶にも心がこもる

次に館内の見学です。共用廊下や食堂などが整理整頓されているかどうかをチェックしましょう。時々、共用廊下にいろいろな荷物が置かれているホームを目にします。入居者の通行にも支障をきたします。共用廊下に荷物などが置かれているのは倉庫などが十分に整備されていない証拠です。

かつて私が訪問したホームでも、ご案内していただいたホーム長が嘆かれていたことがあります。ホームの定員に対し倉庫などが少な過ぎるとのこと。どんなに整理整頓を心掛けても、片付けるところがなければどうしようもないですよね。この施設は経営者の行き過ぎた利益追求のために現場のスタッフがたいへん苦労しているそうです。こういうホームもNGです。

よく見てほしいのは洗濯室と浴室の脱衣室。ここが片付いていないホームは、スタッフが足りていない証拠です。慢性的に足りていないのか（会社の方針）、一時的な離職により足りていないのかは、ご案内いただいたスタッフに聞いてみましょう。ここでも経営者やホーム長の姿勢が分かります。

私の経験上、整理整頓が行き届いているホームは、すれ違うスタッフの挨拶にも心がこもっています。会社の方針がしっかりしている、ホーム長の教育が行き届いている、スタッフ数に余裕がある、いろいろな理由があるでしょうが、整理整頓や清掃が行き届いているホームはスタッフも明るく、礼儀正しいのが一般的です。

外構などの整備まで手が回っているホームがベスト

最後になりますが、建物の周りの植栽まできれいに整備されているかどうかもご覧ください。ここまで手が回っているホームは経営者、ホーム長ともにたいへん頑張っているホームといって良いでしょう。

一年中緑に囲まれており、季節ごとに咲く花を愛でることができるのは、外出する機会が少ない入居者にはたいへんありがたいこと。ここまで気が回っていれば、ホスピタリティに満ちたホームといえます。皆さん自身も整理整頓が行き届いた清潔な家に住みたいか、散らかっている家に住みたいか。答えは明らかだと思います。ホーム選びでもこの点が重要になりますので、皆さんもよくご覧になってください。

専用居室はいちばん長く過ごす最も大切なポイント

有料老人ホーム見学時にどうしても目が行くのは、ラウンジやレクリエーションルーム、食堂、リハビリルームなどの共用施設です。これらの共用施設が立派で広く、明るく清潔であれば、ホーム入居が楽しみになってきますね。

これらの設備をチェックするのは当然ですが、有料老人ホーム入居後、いちばん長い時間を過ごすのが専用居室です。この専用居室のハード面（広さや形状、設備、日当たりや景色、位置など）やソフト面（清潔さ、片付けなど）の状況をチェックすることは大切です。入居後の生活に大きな影響を与える部分なのできちんとチェックすることが必要になります。

住居のハード面のチェックポイント

次に住居のハード面のチェックポイントをご説明します。

厚生労働省が定める有料老人ホーム設置指導指針に定められている居室の広さは13㎡／

室以上。この指針を参考に各自治体が地域性を加味した居室の広さを定めています。例えば、大阪市は13m^2＋トイレ、収納スペース。サービス付き高齢者向け住宅は25m^2以上。ただし18m^2以上あり、共用施設で＋7m^2／室分あればOK。また、各事業者である程度標準が決められており、最近新設される施設でいえば、要介護者向けの居室であれば18m^2以上が多いのが実態です。大手事業者の新設施設では20m^2～25m^2程度が標準的になっています。要介護者が入居する場合、危険防止の観点から事業者としてあまり広くしないのが一般的です。

居室の広さや形状は18m^2であれば、3m×6mもしくは3・5m×5・2mが一般的。細長い部屋が多いようです。部屋内の設備（最低、トイレ、洗面、収納）と居室に持ち込みたい家具（ギャッジベッド、チェスト、ドレッサー、ソファー、テーブル、お仏壇など）のリストを作り、それらが配置できるかどうかを考える必要があります。

居室の設備面で特に注意したいのが以下の3点です。

①トイレの設備。使いやすい手すりが設置されているか（最近の良い施設では、いきみやすさと立ちやすさから、前方跳ね上げ式のボード型手すりが設置されています）
ウォシュレットは標準装備か？（意外と見落としてしまうポイント）

②洗面は車椅子状態になっても寄り付きが可能な位置に配置されているか

③ナースコール設備は対話可能な製品を使っているか

そのほかにも、今後、センサーマットや見守り機器の充実が期待されており、そういった技術的進歩に対応できる通信環境は整えているかや、おしゃれが趣味の入居者の場合、収納が十分な着替えを置いておけるスペースが確保されているかなどをチェックすることをおすすめします。

また、日当たりの悪い暗い居室では気が滅入ってしまいます。窓からの眺めはどうか？　騒音対策は取られているか？　それらも注意点です。

人との交わりをあまり好まず、ホームが用意するレクリエーションなどにも参加したくない方は、専用居室にいる時間が長くなります。日本人は南向きの居室を好みますが、長い時間部屋にいる方は夏場は本当に暑くなりますので、あまり南向きの居室はおすすめしません。有料老人ホームで最も人気のある居室は東向きの居室です。

要介護の方に最も人気のある部屋の位置は、共用施設に近いところ。新設のホームの場合、職員が日中・夜間とも共用施設に詰めている場合が多いため、ナースコールを押してからすぐに駆けつけてもらえる共用施設に近い居室から埋まっていく傾向にあります。食事やレクリエーションに参加するのも便利ですが、逆に人付き合いの苦手な方は共用施設から離れた居室を選択される傾向にあります。

共用施設のレンタブル比ってご存じですか？

皆さんが「有料老人ホーム」を思い浮かべる時に、建物であれば何を思い浮かべますか？　高い利用料を取られるのだから、豪華なエントランスロビーに広々としたレストラン。カラオケルームにリハビリルーム、大きな浴室に広い庭……。そんな立派な共用施設を想像されるのではないでしょうか。主に自立の方が入居対象とされるホームはそうかもしれませんが、要介護の方を対象としたホームは少し異なります。

基本的な諸室としては、ロビー、フロント、事務室、食堂、浴室（機械浴室、介護浴室）、トイレ、機能訓練室、健康管理室、相談室、多目的スペース（レクリエーションに使うスペース）、談話室。ホームによって特長として備えている共用施設として、カラオケルーム、庭園、散歩道、シアター、図書室、温水プール、プレイルームなどがあります。こういった共用施設はホームの目玉になりますので、ホームページやパンフレットに大きく取り上げられています。

ところで、レンタブル比という言葉をご存じでしょうか？　レンタブル比とは、延べ床面積に占める収益部分（ホームでいうと専用居室部）の面積比率のことで、賃貸部分の面積÷延べ床面積で計算されます。

老人ホームでいうと、専用居室部が収益部分の面積、その収益部分の面積に共用施設、廊下、ＥＶ、エントランス部などを足し合わせた面積が延べ床面積となります。一般的に収益部分の面積が大きいほど収益性は高くなります。

老人ホームの場合、低価格帯（月額利用料［家賃、管理費、食費合計］で20万円未満）のホームでレンタブル比は50〜60％、中価格型でのホーム（月額利用料で20万円代）で４５％〜５０％、高価格帯（月額利用料で30万円以上）で40〜４５％が一般的です。レンタブル比が低くなればなるほど、家賃は高くなりますが、その分、共用施設が充実し広々としたホームになります。

共用施設で注意するポイント

一般的に規模の大きいホームのほうが共用施設の種類が多く、サークル活動やレクリエーションが盛んに行われる傾向にあります。経営の都合で、月額利用料が高く設定されている大手企業が運営しているホームは、60〜１００室、逆に月額利用料が低く設定されている中小企業が運営するホームは30〜50室程度になっています。ただし、入居される方の性格（入との関わりが苦手、大勢の入居者と活気あふれる生活を送りたいなど）を無視して共用設備などのほかの内容で決めてしまうと、あとあと後悔の原因にもなります。

実際に、見学や体験入居を行って施設の雰囲気を確認することをおすすめします。私のホーム運営の経験上、要介護の方が対象の有料老人ホームの共用施設で注意するポイントを説明していきましょう。

１つ目のポイントは浴室が十分配置されているか。居室に浴室のないホームは、ホーム全体に設置されている浴室の数が重要です。入浴は入居者の清潔を保つためにも重要なサービスです。週に３回入浴できるか計算してみましょう。

前述した豊中市のホームの例で見ると、同ホームの浴室は介護浴槽も含め５カ所。入浴サービスに充てる時間帯として、９～12時と14～17時の計６時間なので、１人あたりの入浴サービスにかける時間を60分と仮定すると、このホームは１日に浴室１カ所あたり６人の入浴が可能となります。ホーム全体で浴室数は５カ所ですので６人×５カ所、30人／日の入浴が可能な浴室を備えています。ホームの居室数が31室ですので、ほぼ毎日入浴ができる浴室数を備えていることになります。

２つ目のポイントとして、介護浴室を備えているかも重要です。要介護度が進んで寝たきりになった場合に、この設備がないと入浴が難しくなり、清拭対応となります。寝たきりになった場合でも入浴が可能かどうか、介護浴室の有無は重要なポイントです。

３つ目のポイントは、各フロアに食堂があるか否か。皆さんは「ユニットケア」という言葉をご存じでしょうか？　ユニットケアとは、配属された職員が入居者の介護、看護などに迅速に対応できるよう、規模を縮小した介護、看護の提供体制のことをいいます。小規模ケアが実現されると、個別ケアを可能にする、入居者と職員がなじみの関係になり距離が縮まる、入居者の状況をより細かく把握できる、入居者の要望を叶えやすくするなどのメリットがあるといわれています。ただし、ホーム運営は「経営」の観点も重要ですので、認知症対応型のグループホームのように小規模の運営には限界があります。せめて、フロアごとのケアを行えるように、食堂が各フロアにあるかどうかはチェックすべきポイントになります。

４つ目のポイントは、入居者本人が楽しめる共用施設を備えているか否か。要介護の方がホームで生活する場合、レクリエーションが充実してないと、長い時間専用居室にいることになります。食事以外に１日に１回でも共用施設に行くことは重要です。入居者にリハビリ意欲が強い場合はリハビリ設備が充実しているか、カラオケが好きな方向けにカラオケ設備があるか、庭いじりが好きな方には庭園があるか。先程例示した重要事項説明書には設置されている「共用施設」にすべて明記されています。重要事項説明書を見ながら、疑問に思ったことは職員さんに聞いてみる必要があります。

共用施設を活かせるソフトが充実しているか

施設を見ていくうえで、「安全性」は重要なポイントです。高齢者向けの居住施設ですので、大半の施設がバリアフリー対応といった高齢者に配慮された施設になっていますが、一部、危険防止の配慮が足りないと思われる部分もあります。車椅子になった場合などのことを想像してみて、安全性をチェックしましょう。

有料老人ホームは、高齢者に「居住スペース」を提供するサービスですので、その「居住性」も重要です。居住性が悪ければ、居心地が悪くなります。照明や音楽といったハード面に加えて、すでに入居されている方やスタッフの雰囲気などを見学時や体験入居時にチェックしましょう。

そして、清潔感も大切です。どんなに共用施設が立派でも、ホームに清潔感が欠けていれば居住性は悪くなります。玄関まわりだけでなく、共用トイレがピカピカに清掃されているか、場合により、スタッフスペースや厨房なども見学させてもらい、バックヤードも清潔に保たれているかも見てみましょう。

アクティビティ活動のチェックポイント

皆さんは老人ホームの1日の過ごし方についてどのようなイメージをもっていますか？

「結構なお金を払っているんだから、毎日、カラオケや散歩、趣味の活動で埋め尽くされているのでは？」と想像するかもしれませんがそのようなことはありません。実際には要介護高齢者は体力も落ちてきているので、食事、おやつ（おしゃべり）、入浴、体操などで精一杯。アクティビティに取り組むのも週に3回程度がちょうど良い加減なのかもしれません。

アクティビティとレクリエーションの違い

老人ホームアクティビティケアとは、施設でいきいきとした生活を取り戻すためのケアのことです。各ホームでは職員が工夫を凝らし、心身の活性化のためにさまざまな活動を行っています。アクティビティケアの例としては、

1．レクリエーション（カラオケ、音楽鑑賞、生け花、書道など）
2．散歩、体操、身体を動かすゲームなどの運動
3．頭の体操（囲碁、将棋、オセロ、トランプ、オンラインゲームなど）
4．食事の前の嚥下体操

これらをケアの一環として行い、喜びや楽しみを見つけ出して、いきいきと暮らしていただきます。

皆さんが、通常思っておられるレクリエーションは、アクティビティケアの一部です。身体や頭を動かすことは、脳の活性化にもつながりますし、自分に合った活動を行い、参加することで生活に楽しみを見出せます。

アクティビティケアで特に大切なことは、高齢者の心を動かすことと、高齢者に快適を提供すること。「楽しいなあ」「心地良いなあ」「懐かしいなあ」と感じてもらうことが第一です。

昨今、認知症ケアとして、音楽療法やゲーム、環境調整や回想法などの訓練療法、アニマルセラピー、演劇療法、園芸療法なども行われています。

アクティビティに本当に参加できるかが肝心

最近は多くのホームが、アクティビティ活動に力を入れ、さまざまな活動を取り入れています。ホームに見学に行かれた際に「アクティビティメニューを見せてください」と言ってみると良いでしょう。

きっちり、1カ月のメニュー表を渡してくれるホームは、アクティビティに力を入れているホームです。

営業マンが口頭で、「毎日、なんらかの活動を行っていますよ」や、「主にカラオケです」というホームはアクティビティに力を入れていないホームです。そのようなホームが悪いとはいいませんが、アクティビティに期待してホーム選びをされている方にはふさわしくないホームです。

また、メニュー表で毎日、なんらかの活動を行っているように見えても、実際に参加できるかを聞いてみましょう。ケアの人員不足で、「車椅子の方は、この活動には参加できません」と言われたり、「寝たきりの方は、参加できません」と言われたりするホームも結構あります。

あるホームに訪問した時、アクティビティ活動一覧を見せていただき、各活動の参加者を聞いたところ、１００人規模の施設で、どの活動も4、5人ということがありました。平均介護度が2・5程度で重度の方も多いホームなのに、外部講師を多用して軽度の方対象の活動をそろえられているので、実際の参加人数がほとんどいない場合も多々あるようです。入所前に見学に行き、アクティビティメニューを見て、入居者の好きなメニューがたくさんあれば、楽しんで暮らせます。入所しても、参加できなければ元も子もありませんから、そのようなことがないように、入居対象者の状況をきちんと話し、アクティビティに参加できるかどうかは必ず確認しましょう。

アクティビティを職員が実施しているのは充実した施設

アクティビティを職員自身が考え、自ら実施しているホームはホスピタリティマインドが高いホームといえます。入居者・人ひとりの好みをきちんと把握し、それに応えるアクティビティを実施しているホームは良いホームといえるでしょう。

3日に1度の散歩でも良いのです。ホームの側の公園に入居者をお連れし、車椅子の方でも外の空気に触れてもらう。歩いていただくことでリハビリにもつながります。職員の多寡にかかわらず、職員を散歩に同行させる余裕があるホーム。そのようなホームは、人繰りの上手なホーム長に恵まれたホームといえます。逆に多くのスタッフを抱えながら、散歩の付添いを有料サービスにするホームは考えものです。

このように、アクティビティ活動に取り組む方針1つを見ても、良いホームの見分けがつくのではないでしょうか。

ホーム長がしっかり者だと職員の雰囲気も良い

私の知っているホームで、ホーム長がノーリフトケアを推進しているホームがあります。ノーリフトケアは人力だけで要介護者を持ち上げない、抱え上げない介護のことをいい、介護者の腰痛防止はもちろん、移乗に伴う要介護者の皮膚の損傷や不快感の軽減にもつながるとても良いケアです。

ところが、そんなホーム長の想いに反し、そのホームでは離職率が高いのです。職員に聞いてみると、「理想はよく分かるのだけれど、実践が難しい」「時間がないのでついつい抱え上げてしまう」「自分がこれまでやってきた介護をホーム長に否定される」というのが退職理由です。

それを会社幹部に伝え、ホーム長に言ってもらうと、「自分の信念は貫きたい。このホームの介護方針は私が決めます」と取り合ってくれないようです。

介護の世界ではよくありがちなのですが、そのホームの介護方針はホーム長が決めるもの。ホーム長は会社幹部よりも偉い!!というのが介護の世界です。

ホーム長に会ってから入居を決めよう

介護の世界では力をもっているのがホーム長ですので、当然、施設を統治しているのもホーム長。ホーム長はホーム全体を仕切り、ホーム長の考え方でホームが運営されるので、老人ホーム選びでは、「必ずホーム長に会い、介護方針、施設運営の考え方、人柄、入居者への想い」などを確認してください。

どんなに施設が立派でも、どんなに一流企業が経営していようとも、どんなに職員配置が多くとも、実際にものを言うのはホーム長の考え方、実行力です。

ホーム長がしっかりとした考え方をもって運営に携わっていると、自然とホーム全体の職員にも伝わるものです。

ホーム長が優しいホームは職員の雰囲気もどことなく優しいですし、ホーム長がテキパキ動くホームは職員もテキパキ動いています。ホーム長が看護師出身のホームだと医療対応に力を入れていますし、理学療法士出身のホームだとリハビリに力を入れているというように、ホーム長のライセンスで提供するサービスも変わってきます。

笑顔で挨拶をするホームは安心

最近の有料老人ホームやサービス付き高齢者向け住宅は、競争が激しくなってきたからかもしれませんが、見学者に対しても職員さんからきちんとご挨拶していただけるところが多くなってきました。介護保険制度が発足した当時は、介護は「福祉」の世界であり、「サービス業」という認識がなかったこともあってか、ご挨拶していただける職員さんは少なかったのですが、介護保険3施設、いわゆる特養や老健、介護療養型病院でもご挨拶していただける職員さんが増えてきています。

最近はスーパーマーケットで店員さんから挨拶していただけなくなってきていますが、そういった意味では、スーパーマーケットよりサービス業としての精神が根付いてきたのかもしれません。

当編集部が何カ所か見学していても、半数以上の職員さんからご挨拶していただけます。

笑顔の「中身」をよく見てみよう

職員さんが入居者や見学者に見せる顔には3つのタイプがあるといわれています。

1．仕事がキツ過ぎて表情のない顔
2．貼りつけたような笑顔
3．自然で素直な笑顔

1に関しては、挨拶しても、目礼はしていただけるが笑顔を見せないといった態度が多く、すぐ分かります。では、2と3をどう見極めるか。これに関しては、見学をされた時に、営業の方、もしくは生活相談員の方を待っている1人の時に、見極めるチャンスがあります。サービス業的な「スマイル」の教育をされているだけのホームでは、特に介護職員に関しては、初見の見学者が1人でいる時にご挨拶はありません。しかしながら、ホームの見学対応職員（例えば生活相談員など）の方にご案内いただいている時は、きっちり笑顔でご挨拶していただけます。また、営業の方にご案内されている時に、1人で立ち止まってホーム内を見てください。営業スマイルのホームの介護職員は、見学者が通り過ぎたあとに本当の顔を見せます。

見学とは離れた場所で、通常働いている時の職員の顔を見て、入居者に自然な笑顔で接している職員がどれだけいるか。これが3の「自然で素直な笑顔」を見せているか否かであり、自然で素直な笑顔を見せる介護職員は、そのまま、「優しく」「常識がある」方です。

介護職員さんは、一般の方よりホスピタリティマインドは高いと思いますが、やはり優しく常識のある方に介護されたほうがうれしいものです。自分より年長のご高齢者に自然に尊敬の念が抱けるか。入居者の価値観が理解できるか。これは社会人としての「人間力」が問われます。そういう職員かどうかを判断するための一歩目が、「自然で素直な笑顔」ではないかと思います。

職員不足の今だから分かる本当のホスピタリティマインド

最近は介護職不足で、ホームの配置定員どおりの職員配置をなかなかできない事業者が増えています。また、無理な職員ローテーションのために、休日返上で働いている職員の方も大勢いらっしゃいます。職員の方々は日々の業務をこなすのに精一杯で、笑顔を向ける余裕をなかなかもてないのが現実だと思います。そういう時こそ精神的なゆとりをもって、入居者だけでなく見学者にも笑顔で挨拶ができる職員が多くいるかどうかが、そのホームのサービスの質を反映する鏡になっているのではないかと思います。

契約時のチェックポイント

有料老人ホーム入居前の最後のセレモニーが「契約」です。運営会社の係員が「契約書」および「重要事項説明書」を読み上げていきます。

ご高齢者でなくとも、結構時間がかかり、集中できない場合も多く見受けられます。私の経験上、「これまで十分に検討してきたから大丈夫」と思い込み、重要な内容を聞き逃してしまうこともあります。

特に重要なのが「退去要件」です。施設のパンフレットやホームページ、重要事項説明書にはきちんと表記されずに、契約書にしか書かれていない場合が多いのです。ここでは「退去要件」を中心に、契約時に確認が必要なことを記載します。

ホームを追い出されることがあることを知っておく

入居したホームを追い出されるケースがあります。運営者側から退去をお願いされる状況としては、次の６つの理由があります。

①入居者やその家族、身元引受人がほかの入居者、職員に対して暴言暴力を振るうなど頻繁に迷惑行為を行う場合
②入居者や家族とホームの信頼関係が損なわれ、ホーム側が適切なサービスの提供を継続できないと判断した場合
③必要な医療処置がホームの対応可能な範囲を超えた場合
④入院が長期にわたる場合
⑤要介護高齢者を受け入れるホームで、介護保険の認定が「自立」と判定された場合
⑥利用料の未払いが続いた場合

などで、大きな要因は、「迷惑行為」「医療措置」と「経済的事情」の３項目です。

認知症や精神疾患、クレーマーが対象

「迷惑行為」にあたるのが①、②のケースです。入居者自身の認知症をはじめとする精神疾患が進行した場合によく起こります。自治体のガイドラインで「身体拘束」が難しくなったため、特に暴力行為や自傷行為に対し、ホーム側が対策を取れなくなると「退去」に関し、ご家族に相談を始める場合が見受けられます。また、最近多くなってきたのが、理不尽なクレームを頻繁に言ってきたり、ホーム運営ルールを平気で破ったりするご家族に対する退去勧告です。

ホーム運営スタッフも人間。度重なるクレームやルール違反に対し、毅然と対応するホームが増えてきています。

医療措置に関するチェック事項

「医療措置」にあたるのが③のケース。入居前に十分チェックが必要です。ただし、ここにこだわり過ぎると、重度の方ばかりが入居しているホームを選択してしまうことになります。ですから、現在の病状に合わせた看護体制、協力医療機関のチェックは必要

ですが、ホーム選びは入居者の感覚にフィットするホームを選択することを優先し、医療行為的に合わなくなった時点で早めに住み替えるという考え方も大切です。

　ただし、入居一時金が数千万円の超高級有料老人ホームに入居される場合は、経済的に住み替えも難しくなりますので、多くの持病を抱える方は、将来を見据えて、24時間看護体制を敷いているホームを選択することをおすすめします。また、意外と知られていないのが協力医療機関の選択制です。要介護状態になると、在宅医療を行う医療機関がホームに来てくれる場合がほとんどですが、時折、１つの医療機関しか選択できないホームがあります。

　ホーム運営上そういう方針を取っているホームもありますが、１人の医師がすべての病気に万能かというとそうでもありません。

　特に精神疾患や認知症、呼吸器疾患、疼痛緩和のペインクリニックなど、専門医でないと困る疾患も多くありますので、複数の医療機関を選択できるホームを選ぶようにしましょう。

「経済的事情」にあたるのが④、⑤、⑥のケースでしょう。
　④、⑥については、介護が必要な方を受け入れる低価格型のホームに見受けられます。ホームの収入は、月額利用料と介護保険料からなっています。介護保険料の１人あたり

単価はだいたい22万円／月程度です。

④のケースでは介護保険料がホームに入ってこなくなりますので、低価格型のホームでは収入の6～7割を失ってしまうことになります。これらに関しては、契約時にしっかり確認しておきましょう。

⑤のケースで注意が必要なのは、「上乗せ介護費用」です。特に住宅型有料老人ホームやサービス付き高齢者向け住宅は、介護保険の利用限度額を超える場合は自費料金となるところもあります。例えば認知症が進行したり、寝たきりになった場合で、夜間のオムツ交換が頻回になった場合や、医療行為（夜間の痰吸引など）が頻回に必要となった場合に、十万円以上の自費料金を請求される場合もあります。サービス一覧と料金表をきちんとチェックし、月額利用料と公的介護保険でどこまでのサービスを受けられるのか、自費料金が必要な場合はどういう場合か、介護保険限度額を超えた場合に定額のパック料金制度があるかどうかをチェックする必要があります。

また、高価格帯の老人ホームで注意が必要なのは個別料金です。例えば、レクリエーション参加費用やリハビリ費用。これらに関して「個別料金制度」を取っているホームもありますので、こちらのチェックも行い、「こんなはずではなかった」と後悔しないように注意しましょう。

三ツ星情報コラム

「舞台裏」を見せないのがサービス業の基本 求人情報などが丸見えの高齢者住宅は失格

高級デパート、名門ホテル、一流レストラン、有名テーマパークなど、質の高いサービスを提供する会社は、「裏側を決して客に見せない」という共通点があります。たとえ、舞台裏がどれだけ天手古舞でも、スタッフの怒号が飛び交うような状態であっても、客にはまったくそのことを感じさせません。それがサービス業のプロです。

しかし、高齢者住宅ではどうでしょうか。事務所がオープンな造りの場合には、業務が丸見えのことが珍しくありません。上司が部下を叱責していたり、多忙でイライラしていたりする姿が見えることもあります。もし、あなたが入居者だとして、ついさっきまで電話で口論していたスタッフに、果たして臆せずに頼み事ができるでしょうか？　客に遠慮させる時点でサービス業失格です。

また、なかには、利用者や面会の家族、見学者、出入り企業など外部の人から見える場所に、業務連絡などの書類が貼ってあるところもあります。「今月の目標『元気な挨拶の徹底』」と大きく書かれた紙が見える場所でスタッフから挨拶されて、それを心からの挨拶だと感じるでしょうか。きっと「上司に怒られたからだろうな」と思うでしょう。

このように、「サービス業のプロ」としての基本ができていない高齢者住宅は少なくありません。しかし、それは実際に足を運ばないと分かりません。最近は新型コロナウイルスの影響で思うように見学ができないなかで、こうした点をチェックする方法はないのでしょうか？

1つの目安として「一般消費者に向けたホームページと求人用のホームページが一緒になっている高齢者住宅は注意したほうが良い」という点が挙げられます。

一般消費者に向けたホームページは、「表の顔」を見せるためにあります。おいしい食事や楽しいアクティビティ、優れた住環境などを紹介するのが役目です。それを見ている人にとっては「今、この高齢者住宅は人手不足で困っている」などというのはまったく関係のない情報です。ましてや「給与がいくら」「入社したら祝い金がもらえる」などは完全に内輪の話であり、それを表から簡単に見える場所に載せる必要はどこにもありません。

このことに気づかない高齢者住宅は、きっと実際の運営の現場でも、入居者に「舞台裏」を見せてしまい、入居者に居心地の悪い思いをさせてしまっているのでしょう。もし、給与などの情報を掲載したいのなら、求人専用のホームページを作ればいいだけの話です。

第3章

「有料老人ホーム三ツ星108選」と特別コラム30施設

「有料老人ホーム三ツ星ガイド」の選定方法

本書でご紹介する、星が付与された有料老人ホームは、どのような基準で選ばれたのかを説明します。

我々『介護の三ツ星コンシェルジュ編集部』は『一般社団法人日本シニア住宅相談員協会』とタッグを組み、関西の北摂、北河内、大阪市内、阪神間、神戸市内にある1472カ所のホームを調査し、各項目で点数を付けました。

今回の調査では、大きく分けて「ハード面の調査」「ソフトを提供する人員などの調査」「ホームを紹介するプロの相談員の調査」の3つの視点から、20の調査項目を決め選定しています。それぞれの視点をある程度満たすホームであれば、居心地が良くて長く住めるホームを選ぶための道標になるのではと考えています。

詳細な調査項目については左図のとおりです。当編集部の調査が合計60点満点中、50点以上で星が2つ、40点以上で星1つ、協会側は投票制で各12点合計60点満点にし、編集部と協会の合算で星の数が決まっています。

介護の三ツ星コンシェルジュ編集部の調査　【A】

調査項目		調査方法
建物概要	☑居室の広さ	合計60点満点 ・合計50点以上で☆☆ ・合計40点以上で☆
	☑共用施設の充実度	
	☑フロアケアの実施	
	☑十分な浴室数を配置	
	☑介護浴槽の設置	
ソフト面	☑食事の提供方法	
	☑人員配置	
	☑職員の定着力	
	☑医療対応力	
	☑介護福祉士率	
	☑リハビリ力	
	☑夜間対応力	
	☑看取り能力	
その他	☑ＨＰによる情報開示	
	☑経営面	

一般社団法人日本シニア住宅相談員協会の調査　【B】

調査項目	調査方法
☑ 職員の接遇態度（挨拶・笑顔・心配りなど）	合計60点満点 ・合計22.5点以上で☆☆ ・合計16点以上で☆
☑ ホーム長の(受け入れに対する)積極性(熱意・工夫・柔軟な対応など)	
☑ 認知症対応力（姿勢・スキル・実績など）	
☑ アクティビティ活動の充実（メニュー・頻度・個性など）	
☑ 居心地の良さ（整理整頓・ハード・ソフト両面の雰囲気・明るさなど）	

【A】と【B】の調査を合計し★の数を決定！

★★★	【A】【B】ともに☆☆。または【A】【B】の☆合計が☆☆☆かつ点数合計が73点以上。
★★	【A】【B】の☆合計が☆☆☆かつ点数合計が73点未満。または【A】【B】ともに☆かつ点数合計が56点以上。
★	【A】【B】ともに☆かつ点数合計が56点未満。または【B】のみが☆☆。

※ 本書は有料老人ホームの調査であるため、調査項目の点数の内訳をはじめ各施設の獲得合計点数の発表はランキングになってしまうと考え、掲載を控えさせていただきます。

「有料老人ホーム三ツ星ガイド」１０８施設を一挙公開

前述したとおり、本書では『介護の三ツ星コンシェルジュ編集部』と『一般社団法人日本シニア住宅相談員協会』が約1年という月日をかけ、地道な調査によって１４７２施設から１０８施設の優良施設を選ばせていただきました。

本リストの利用の仕方をご説明します。

本書にある「有料老人ホーム三ツ星ガイド」１０８選は、ホームの種別から入居対象者、介護施設の調査ポイントからホームの特長まで、介護施設選びに必要な要素をふんだんに盛り込んでいます。本リストは「要介護高齢者対象」の三ツ星を付与された施設の、高価格帯↓中価格帯↓低価格帯のカテゴリーに分けて掲載しています。次に「自立入居者対象」も同様に掲載しています。さらにカテゴリー内での施設の紹介順としては、関西の西から東へと流れるようにしています。記事の見方については、左図に詳細を記載しておりますので、ご覧ください。

また、星を付与させていただいたホームのなかから選抜した30施設には、クローズアップして取材をさせていただき、「特別コラム」を掲載しております。

有料老人ホーム
三ツ星ガイド
１０８選全リスト

リストの見方

ホームの運営会社

ホームの住所

特別コラム

価格帯

高…月額換算 30 万円～
中…月額換算 20 万円～
低…月額換算 20 万円未満
※（入居一時金がある場合は
月額利用料に換算）

ホームの名前　ホームの種別

介護付き有料老人ホーム　☑特別コラム P.000　**要介護高齢者対象**

エイジフリー・ライフ星が丘　高

大阪府枚方市印田町 9-60

運営会社：パナソニック エイジフリー株式会社

付与された星の数

編集部ポイント	ホームの特長
☑共用施設の充実 ☑看取り能力 ☑認知症対応力 ☑職員の接遇態度の良さ ☑居心地の良さ	とにかく職員が明るく、接遇が良いホーム。フロアケアの実施と、余裕をもった職員配置で認知症への対応力が高く、24 時間の看護師常駐により医療対応力、看取り能力も高い。リハビリ力も高く、重度の要介護高齢者は安心して入居いただける。高級感のなかにも家庭的な温かさがあり、居心地の良いホーム。

特に評価の高かったポイントのまとめ

星を付与するに当たったホームの特長をダイジェスト的にまとめています
(※介護の三ツ星コンシェルジュ編集部が、これまでの経験から独自に記載。内容についての責任は負えませんのでご了承ください。)

入居対象者

・要介護高齢者対象
……介護が必要な人向けのホーム

・自立入居者対象
……主に自立の方を入居対象にしたホーム

介護付き有料老人ホーム

エイジフリー・ライフ星が丘

要介護高齢者対象

高 ★★★

大阪府枚方市印田町 9-60
運営会社：パナソニック エイジフリー株式会社

編集部ポイント	ホームの特長
☑ 共用施設の充実 ☑ 看取り能力 ☑ 認知症対応力 ☑ 職員の接遇態度の良さ ☑ 居心地の良さ	とにかく職員が明るく、接遇が良いホーム。フロアケアの実施と、余裕をもった職員配置で認知症への対応力が高く、24 時間の看護師常駐により医療対応力、看取り能力も高い。リハビリ力も高く、重度の要介護高齢者は安心して入居いただける。高級感のなかにも家庭的な温かさがあり、居心地の良いホーム。

介護付き有料老人ホーム

メディカルホームグランダ香里園

要介護高齢者対象

高 ★★★

大阪府枚方市香里園山之手町 34-1
運営会社：株式会社ベネッセスタイルケア

編集部ポイント	ホームの特長
☑ 看取り能力 ☑ リハビリ力 ☑ 情報開示 ☑ 職員の接遇態度の良さ ☑ 居心地の良さ	接遇の良さは同社の数あるホームのなかでも群を抜いた評価。職員間の結束が強く、入居者とも良い関係が築かれているためか、家庭的な温かみが感じられるホーム。また、周辺には緑が多く、四季を楽しめる環境。バリアフリー設計の庭やダイニングルーム、ティールームなど憩いの共有スペースも豊富に用意されている。居心地の良さと充実したアクティビティ活動が評判。

住宅型有料老人ホーム

アーバニティ若水

☑ 特別コラム P.148

要介護高齢者対象

高 ★★★

大阪府大東市末広町 15-25
運営会社：株式会社アイネットケアサービス

編集部ポイント	ホームの特長
☑ 職員の定着力 ☑ 看取り能力 ☑ 職員の接遇態度の良さ ☑ ホーム長の積極性 ☑ 居心地の良さ	隣接する有床診療所である医療法人恵和会が経営母体。24 時間常駐の施設看護師と診療所が連携することにより看取り対応が充実。余命３カ月で入居された末期癌の入居者が、家庭的かつ規則的な生活を取り戻すことで余命が延びることもあったそう。看取り能力は相当高い。余裕をもった人員配置、職員教育の充実で離職率が低いのも特長。

介護付き有料老人ホーム
☑特別コラム P.150 **要介護高齢者対象**

エイジフリー・ライフ大和田

高 ★★★

大阪府門真市常称寺町 10-1
運営会社：パナソニック エイジフリー株式会社

編集部ポイント	ホームの特長
☑看取り能力 ☑リハビリ力 ☑認知症対応力 ☑職員の接遇態度の良さ ☑居心地の良さ	圧倒的な看取り能力。開設後22 年で看取り人数は200 人以上。要介護 4、5の入居者が全体の 4 割を占めており、困難事例の受け入れも積極的に行っているホーム。24 時間看護師常駐とリハビリ専門職の理学療法士の配置で、看取り能力、リハビリ力ともに高く、職員の定着率も高い。共用施設がゆったりしており、居心地の良さも評価されているホーム。

介護付き有料老人ホーム
☑特別コラム P.152 **要介護高齢者対象**

サンセール香里園

高 ★★★

大阪府寝屋川市香里西之町 22-7
運営会社：パナソニック エイジフリー株式会社

編集部ポイント	ホームの特長
☑アクティビティ活動の充実 ☑職員の定着力 ☑居心地良さ ☑職員の接遇態度の良さ ☑看取り能力	レクリエーション専属のスタッフを 1 人配し、屋外果樹園、農園で入居者とともに園芸や野菜作りに取り組んだり、「ケーキバイキング」「天ぷらバイキング」などイベントが目白押し。入居者は日々さまざまなレクを楽しめる。接遇態度の良さ、離職率の低さから、職員と顔なじみの関係を築け、ホームを居心地の良い空間にしている。

介護付き有料老人ホーム
☑特別コラム P.154 **要介護高齢者対象**

グッドタイム リビング 大阪ベイ

高 ★★★

大阪府大阪市港区弁天 1-3-3
運営会社：グッドタイムリビング株式会社

編集部ポイント	ホームの特長
☑アクティビティ活動の充実 ☑職員の接遇態度の良さ ☑ホーム長の積極性 ☑居心地の良さ ☑食事の評判が良い	同建物内に内科、皮膚科、眼科、整形外科などの入るクリニックモールやスーパーマーケットもあり、安心して便利な暮らしが楽しめる。「グッドタイムクラブ」と銘打ち、運動系、音楽系、文化系と日々多様なアクティビティ活動を楽しめるのが自慢。地域の保育園児との交流も行うなど開かれたホーム。比較的介護度の軽い方から重い方まで日々の生活を楽しめるホーム。

住宅型有料老人ホーム　☑特別コラム P.156　**要介護高齢者対象**

チャームスイート仁川

高 ★★★

兵庫県西宮市仁川町 4-2-30
運営会社：株式会社チャーム・ケア・コーポレーション

編集部ポイント	ホームの特長
☑アクティビティ活動の充実 ☑職員の接遇態度の良さ ☑居心地の良さ ☑共用施設の充実 ☑職員の定着力	建物中央に配置された大きな庭園が同施設の目玉。日々の散歩、花作りなど入居者参加型のアクティビティ活動に活用。そのほか、ヨガ、アロマ、ネイルケア、有名店のお取り寄せスイーツなど、女性を意識したアクティビティ活動が行われている。スタッフの接遇マナーの良さ、館内の清潔感も自慢のポイント。居心地の良い空間づくりに取り組んでいる。

介護付き有料老人ホーム　☑特別コラム P.158　**要介護高齢者対象**

フォレスト垂水 壱番館

高 ★★★

兵庫県神戸市垂水区旭が丘 1-9-60
運営会社：ファインフォレスト 株式会社

編集部ポイント	ホームの特長
☑看取り能力 ☑リハビリ力 ☑職員の接遇態度の良さ ☑ホーム長の積極性 ☑居心地の良さ	入居者の「こんなことをしたい」「してほしい」そんな想いを大切にしながら、最高の環境づくりに努めているホーム。「ALWAYS SMILE（いつも笑顔で）」をスローガンに心のこもったサービスを提供。リハビリ専門職が常駐し熱心に生活リハを提供。館内にクリニックを併設。施設スタッフとうまく連携することで医療依存度の高い方でも積極的に受け入れ。

介護付き有料老人ホーム　☑特別コラム P.160　**要介護高齢者対象**

レリーサポプラ

高 ★★

大阪府池田市東山町 546
運営会社：株式会社ポプラコーポレーション

編集部ポイント	ホームの特長
☑職員の接遇態度の良さ ☑ホーム長の積極性 ☑アクティビティ活動の充実 ☑看取り能力 ☑職員の定着力	社会福祉法人が母体。接遇、アクティビティ活動に力を入れている。職員の定着力の良さ、余裕のある人員配置もあり職員の質の良さが評価されている。比較的軽度の入居者を対象に専用のカルチャークラブ「ベルデクラブ」を設置。書道・手芸・パンお菓子作りなど豊富なメニューを用意。館内に診療所が設置され、看取り能力が高いのも特長。

サービス付き高齢者向け住宅　☑特別コラム P.162　**要介護高齢者対象**

スーパー・コート プレミアム池田

高 ★★

大阪府池田市井口堂 3-1-9

運営会社：株式会社スーパー・コート

編集部ポイント	ホームの特長
☑ アクティビティ活動の充実 ☑ 職員の接遇態度の良さ ☑ 居心地の良さ ☑ 共用施設の充実 ☑ ホーム長の積極性	ホーム内に「コンシェルジュスタッフ」を配置し、相談事はすべて同スタッフにより対応。そうすることで介護職が介護サービスに専念できるようになり、サービスの質も良くなっている。経営母体がホテル運営会社のため、スタッフの接遇マナーは以前より定評あり。アクティビティ活動の工夫も評価。自立・軽度の方と重度の方のプログラムを別々に用意。

住宅型有料老人ホーム　**要介護高齢者対象**

グッドタイムリビング 池田緑丘

高 ★★

大阪府池田市緑丘 1-4-23

運営会社：グッドタイムリビング株式会社

編集部ポイント	ホームの特長
☑ 職員の接遇態度の良さ ☑ アクティビティ活動の充実 ☑ ホーム長の積極性 ☑ 共用施設の充実 ☑ 余裕のある人員配置	広々とした共用施設、高級感のある家具・調度品、余裕のある人員配置が評価されている。職員教育にも力を入れており離職率の低さ、介護福祉士取得者率の高さ、接遇の良さなども評判。アクティビティ活動の充実ぶりは秀逸。音楽、体操、学習、文化、認知症予防など毎日３本のプログラムを用意し、入居者の意思で自由に参加できる。

介護付き有料老人ホーム　**要介護高齢者対象**

メディカル・リハビリホームくらら箕面小野原

高 ★★

大阪府箕面市小野原東 5-25-8

運営会社：株式会社ベネッセスタイルケア

編集部ポイント	ホームの特長
☑ 職員の接遇態度の良さ ☑ 認知症対応力 ☑ 看取り能力 ☑ リハビリ力 ☑ 共用施設の充実	認知症ケアが評価を受けている。フロアを９～10 人単位のグループに分けケアを提供する「グループケア」を導入。顔見知りの職員、入居者と日々暮らすことで認知症の方の不安の軽減を目指している。機能訓練指導員によるリハビリ、24 時間看護職員配置による看取り能力の高さも高評価。認知症で要介護の高齢者におすすめのホーム。

住宅型有料老人ホーム

要介護高齢者対象

メディカル・リハビリホームグランダ箕面

高 ★★

大阪府箕面市稲 1-13-22
運営会社：株式会社ベネッセスタイルケア

編集部ポイント	ホームの特長
☑ 職員の接遇態度の良さ ☑ ホーム長の積極性 ☑ アクティビティ活動の充実 ☑ リハビリ力 ☑ 看取り能力	ベネッセスタイルケアが運営するホームのなかでも高級感のあるグランダシリーズ。入居者が集うダイニングルームや各階のティールーム、北摂山系が望める屋上テラスには足湯など共有スペースも豊富に用意されている。機能訓練指導員によるリハビリ、24 時間看護職員配置による看取り能力の高さも評価されている点。

住宅型有料老人ホーム

要介護高齢者対象

グッドタイム リビング 南千里

高 ★★

大阪府吹田市山田西 3-22-2
運営会社：グッドタイムリビング株式会社

編集部ポイント	ホームの特長
☑ 職員の接遇態度の良さ ☑ アクティビティ活動の充実 ☑ 共用施設の充実 ☑ 職員の定着力 ☑ 居心地の良さ	「ホテル」を意識した上質の空間を用意。サービス面では接遇態度、アクティビティ活動の評価が高く、居心地の良い空間づくりの礎となっている。グッドタイムリビング運営ホームは、各ホームに「グッドタイムクラブ」を設け、体操系、学習系、音楽系、文化系のプログラムを毎日実施。比較的元気な軽度の要介護者におすすめのホーム。

介護付き有料老人ホーム

要介護高齢者対象

メディカル・リハビリホームくらら吹田

高 ★★

大阪府吹田市朝日が丘町 24-3
運営会社：株式会社ベネッセスタイルケア

編集部ポイント	ホームの特長
☑ 職員の接遇態度の良さ ☑ ホーム長の積極性 ☑ 余裕のある人員配置 ☑ リハビリ力 ☑ 看取り能力	医療的ケアとリハビリテーションに力を入れているホーム。24 時間看護職員配置で胃ろうやインスリン投与、痰吸引などが必要な人にも対応。また、機能訓練指導員による個別リハビリも評判が良く退院後のリハビリ目的での入居も多い。グループケアを取り入れており認知症対応力も高い。

住宅型有料老人ホーム

グッドタイム リビング 千里ひなたが丘

要介護高齢者対象

高 ★★

大阪府吹田市千里丘西 15-20

運営会社：グッドタイムリビング株式会社

編集部ポイント	ホームの特長
☑ 職員の接遇態度の良さ ☑ ホーム長の積極性 ☑ アクティビティ活動の充実 ☑ 居心地の良さ ☑ 共用施設の充実	「ホテル」を意識した広々とした共用施設を設置し上質な空間を提供。職員の接遇態度の良さが特に評判のホーム。アクティビティ活動の評価が高く、居心地の良い空間づくりの礎となっている。「グッドタイムクラブ」では、体操系、学習系、音楽系、文化系のプログラムを毎日実施。軽度重度にかかわらず受け入れにも積極的。

介護付き有料老人ホーム

ケアビレッジ千里・古江台

要介護高齢者対象

高 ★★

大阪府吹田市古江台 5-3-7

運営会社：パナソニック ホームズ株式会社

編集部ポイント	ホームの特長
☑ 余裕のある人員配置 ☑ 介護福祉士取得者率が高い ☑ リハビリ力 ☑ 共用施設の充実 ☑ 居心地の良さ	医療・介護サービスに対しさまざまな取り組みを行っている。家庭的な雰囲気を大切にしながら介護環境づくりに努めているほか、館内併設のクリニックのドクターと、全スタッフが入居者の病状や様態を把握できるようミーティングを実施。スムーズなサービス提供に努めている。ユニットケアを実践し認知症高齢者に良い住環境の提供も行う。

介護付き有料老人ホーム

アクティブライフ豊中

要介護高齢者対象

高 ★★

大阪府豊中市北緑丘 2-8-7

運営会社：株式会社アクティブライフ

編集部ポイント	ホームの特長
☑ 共用施設の充実 ☑ 余裕のある人員配置 ☑ 職員の定着力 ☑ 認知症対応力 ☑ 看取り能力	民間の有料老人ホームでは珍しく「ユニットケア」を導入。認知症の入居者が顔なじみのスタッフ、入居者と安心して生活できる空間を用意。余裕のある人員配置で、認知症の対応力に高い評価を得ている。24 時間の看護師配置と協力医療機関との連携で看取り能力にも高い評価を得ている。認知症や医療依存度の高い要介護の方におすすめのホーム。

介護付き有料老人ホーム　☑特別コラム P.164　**要介護高齢者対象**

メルシー緑が丘

高 ★★

大阪府豊中市少路 1-7-21
運営会社：株式会社ビケンテクノ

編集部ポイント	ホームの特長
☑ ホーム長の積極性 ☑ 居心地の良さ ☑ 共用施設の充実 ☑ 余裕のある人員配置 ☑ 看取り能力	北摂地域にある有料老人ホームのなかで最も人員配置が厚いホーム。手間のかかる認知症高齢者にも丁寧に対応可能。24 時間看護師常駐と館内に在宅医療専門のクリニックも併設。医療依存度の高い方の受け入れや看取り能力も高い評価を得ている。リハビリ専門職も理学療法士が 2 人常駐。個別リハ・集団リハなどを積極的に実施。

介護付き有料老人ホーム　☑特別コラム P.166　**要介護高齢者対象**

豊泉家 桃山台

高 ★★

大阪府豊中市上新田 3-10-36
運営会社：社会福祉法人福祥福祉会

編集部ポイント	ホームの特長
☑ 食事の評判が良い ☑ 職員の接遇態度の良さ ☑ ホーム長の積極性 ☑ 認知症対応力 ☑ アクティビティ活動の充実	音楽レクに力を入れており、毎朝、ロビーコンサートを実施。「入居者に歌ってもらう」ことが目的。朝から大きな声を出すことは心身の健康につながるとの運営理念による。アクティビティ活動が充実。食事も入居者自ら「食委員会」を設置。ホームにメニュー提案を実施。軽度で健康に不安のある要介護の方におすすめのホーム。

介護付き有料老人ホーム　☑特別コラム P.168　**要介護高齢者対象**

交欒　森ノ宮

高 ★★

大阪府大阪市中央区森ノ宮中央 2-6-16
運営会社：株式会社ユニマット リタイアメント・コミュニティ

編集部ポイント	ホームの特長
☑ 食事の評判が良い ☑ 職員の接遇態度の良さ ☑ 看取り能力 ☑ リハビリ力 ☑ 居心地の良さ	入居者の 3 分の 1 が開業医。同ホームのターミナルケアや看取りへの姿勢を見て、「ここは自分の希望を叶えてくれる」と知人の医師を紹介するなどして、医師の入居が増えてきたそう。看護師が 24 時間常駐するほか、リハビリ専門職の配置により、医療依存度の高い方やリハビリを希望する方に人気のホームとなっている。

介護付き有料老人ホーム

メディカル・リハビリホームグランダ宝塚逆瀬川

要介護高齢者対象　高 ★★

兵庫県宝塚市伊子志 2-8-2
運営会社：株式会社ベネッセスタイルケア

編集部ポイント	ホームの特長
☑職員の接遇態度の良さ ☑居心地の良さ ☑リハビリ力 ☑看取り能力 ☑余裕のある人員配置	リハビリ希望の方に適したホーム。広々としたリハビリルームを設置。人員的には機能訓練指導員を配置し、個別リハ、集団リハなどを実施。主に生活リハに力を入れている。24 時間看護職員配置のため、医療依存度の高い方の受け入れにも積極的。職員の接遇態度、居心地の良さも高い評価を得ているホーム。

住宅型有料老人ホーム

グッドタイム リビング 尼崎駅前

要介護高齢者対象　高 ★★

兵庫県尼崎市御園町 27-3
運営会社：グッドタイムリビング株式会社

編集部ポイント	ホームの特長
☑アクティビティ活動の充実 ☑共用施設の充実 ☑職員の定着力 ☑リハビリ力 ☑職員の接遇態度の良さ	阪神尼崎駅前の至便立地。「ホテル」を意識した広々とした共用施設を設置し、上質な空間を提供。アクティビティ活動の評価が高いホーム。「グッドタイムクラブ」で運動系、文化系、音楽系のほか、学習系が充実。入居者は自由に参加できる。IT を利用した先進的な介護に取り組んでいるホーム。

介護付き有料老人ホーム

☑特別コラム P.170

グランダ夙川

要介護高齢者対象　高 ★★

兵庫県西宮市雲井町 8-26
運営会社：株式会社ベネッセスタイルケア

編集部ポイント	ホームの特長
☑職員の接遇態度の良さ ☑認知症対応力 ☑アクティビティ活動の充実 ☑共用施設の充実 ☑余裕のある人員配置	小規模なため高級感のなかにも家族的な温かい雰囲気を有するホーム。評価の高い点は職員の接遇の良さと居心地の良さ。居心地が良いのは職員の接遇の良さに加え小規模で家庭的な雰囲気によるもの。建物もゆったりとした空間づくりを意識し、南向きのダイニングルーム、ティールーム、緑豊かなテラスなど、共用空間が多い。

介護付き有料老人ホーム

メディカルホームグランダ香櫨園

要介護高齢者対象

高 ★★

兵庫県西宮市川添町 9-8

運営会社：株式会社ベネッセスタイルケア

編集部ポイント	ホームの特長
☑職員の接遇態度の良さ ☑居心地の良さ ☑リハビリ力 ☑看取り能力 ☑余裕のある人員配置	同ホームの特長は 24 時間の看護職員配置による医療依存度の高い方への対応と、リハビリの専門職である機能訓練指導員を配置したリハビリ。接遇の良さ、アクティビティ活動も評価されている。ホーム理念が「入居して、また好きなことができるようになったと言っていただけるようなサポートを」。

介護付き有料老人ホーム

☑特別コラム P.172

要介護高齢者対象

ＳＯＭＰＯケア　ラヴィーレ西宮

高 ★★

兵庫県西宮市上甲子園 5-8-23

運営会社：ＳＯＭＰＯケア株式会社

編集部ポイント	ホームの特長
☑職員の接遇態度の良さ ☑アクティビティ活動の充実 ☑職員の定着力 ☑ホーム長の積極性 ☑居心地の良さ	すべての方が「わが家」のようにくつろげる充実の共用空間とケアの提供で、心身ともに健やかな、ご自分らしい暮らしを送れるホーム。認知症対策として、介護・看護スタッフだけではなく、クリーン、キッチン、事務など働くスタッフ全員が認知症への理解を深めるため、ホーム内で開催する認知症サポーター講座へ参加している。

介護付き有料老人ホーム

Les 芦屋

要介護高齢者対象

高 ★★

兵庫県芦屋市川西町 14-1

運営会社：社会福祉法人 千種会

編集部ポイント	ホームの特長
☑食事の評判が良い ☑アクティビティ活動の充実 ☑認知症対応力 ☑共用施設の充実 ☑居心地の良さ	食事の良さが特に評判のホーム。館内にはアロマの香りが漂い高級感のある内装と充実した共用施設にマッチ。音楽ライブ、昼食時のピアノライブ、音楽療法、英会話教室など、アクティビティ活動が盛ん。充実したアクティビティ活動に加え、エステルームを館内に配置するなど、大人の空間を意識したホーム。

介護付き有料老人ホーム

チャームプレミア 御影

要介護高齢者対象

高

兵庫県神戸市東灘区住吉本町 3-13-7

運営会社：株式会社チャーム・ケア・コーポレーション

編集部ポイント	ホームの特長
☑ 職員の接遇態度の良さ ☑ ホーム長の積極性 ☑ 余裕のある人員配置 ☑ 共用施設の充実 ☑ 食事の評判が良い	介護以外の日常対応を担当するコンシェルジュを配置。元キャビンアテンダントや高級ホテル勤務経験者などを採用。コンシェルジュは、入居者対応だけでなく、接遇マナーや身だしなみ、ホーム内の美化などに対する指導も実施しているため、接遇の良さと居心地の良さの評価が高い。併せて食事の評価も高いホーム。

介護付き有料老人ホーム

グリーンライフ守口

☑ 特別コラム P.176 **要介護高齢者対象**

中

大阪府守口市佐太中町 6-17-34

運営会社：グリーンライフ株式会社

編集部ポイント	ホームの特長
☑ ホーム長の積極性 ☑ アクティビティ活動の充実 ☑ 認知症対応力 ☑ 看取り能力 ☑ リハビリ力	施設長の受け入れ姿勢が高く、認知症や医療依存度の高い方など、困難事例の受け入れにも前向きな点が評価されている。総合病院が隣接し、緊急対応時に頼りになる存在。看取り能力も高い。リハビリ専門職を配置し、リハビリにも注力。入居者参加型のレクリエーション、特に外出などの運動プログラムに力を入れている。地域開放型のイベントも実施。

サービス付き高齢者向け住宅

シニアスタイル武庫之荘

☑ 特別コラム P.178 **要介護高齢者対象**

中

兵庫県尼崎市水堂町 1-34-4

運営会社：株式会社シニアスタイル

編集部ポイント	ホームの特長
☑ 職員の接遇態度の良さ ☑ アクティビティ活動の充実 ☑ 居心地の良さ ☑ リハビリ力 ☑ 職員の定着力	シニアスタイル尼崎と連携し、尼崎市民の方は定期巡回随時対応型訪問介護看護サービスが受けられるのも特長。きめ細かい介護サービス、専門職による個別リハビリによる ADL の維持、在宅医療の経験の多い医師との連携を実施。さまざまな福利厚生制度導入により職員の定着力が高いのも同ホームの特長。

介護付き有料老人ホーム

要介護高齢者対象

ルナハート 千里　丘の街

中 ★★

大阪府吹田市新芦屋上 3-20
運営会社：株式会社チャーム・ケア・コーポレーション

編集部ポイント	ホームの特長
☑ 職員の接遇態度の良さ ☑ ホーム長の積極性 ☑ 居心地の良さ ☑ 共用施設の充実 ☑ 看取り能力	三世代共生の街がコンセプトの「ルナヴィータ」という街にあり、街全体がユニバーサルデザイン採用の高齢者に優しい環境。ホーム内は高級感があり、英国調の建築仕様に格調高い調度品をマッチさせ、居心地の良い空間を確保。吹田市と共同で認知症カフェなどの地域交流を盛んに実施。多様なアクティビティ活動が評価されている。

介護付き有料老人ホーム

要介護高齢者対象

チャームスイート 緑地公園

中 ★★

大阪府豊中市西泉丘 3-2-21
運営会社：株式会社チャーム・ケア・コーポレーション

編集部ポイント	ホームの特長
☑ 職員の接遇態度の良さ ☑ ホーム長の積極性 ☑ アクティビティ活動の充実 ☑ 居心地の良さ ☑ 職員の定着率	居室数 128 と、規模が大きいためスタッフも 50 人以上在籍。夏祭りなどのイベントが大規模に実施でき入居者に喜んでいただいている。イベントだけでなく普段のアクティビティも盛ん。アクティビティ活動の評判が良い。同社の他ホーム同様、職員の接遇教育に力を入れ、接遇態度、居心地の良さで高い評判を得ているホーム。

介護付き有料老人ホーム

☑ 特別コラム P.180

要介護高齢者対象

ツクイ・サンシャイン大東

中 ★★

大阪府大東市南津の辺町 18-11
運営会社：株式会社ツクイ

編集部ポイント	ホームの特長
☑ 職員の定着力 ☑ リハビリ力 ☑ 看取り能力 ☑ 食事の評判が良い ☑ 共用施設の充実	職員を大切にしているホーム。介護職が介護サービスに専念できるよう周辺サービスを担当する職員を雇用。職員の定着力が高く、質の良いスタッフが多い。栄養価を意識した食事を提供。できるだけ残食を減らすよう味付けなども工夫。食事の良さが評判。リハビリ力、看取り能力も高い。

介護付き有料老人ホーム

メディカルホームまどか天王寺

要介護高齢者対象

中 ★★

大阪府大阪市阿倍野区天王寺町南 2-9-28
運営会社：株式会社ベネッセスタイルケア

編集部ポイント	ホームの特長
☑ホーム長の積極性 ☑認知症対応力 ☑看取り能力 ☑リハビリ力 ☑介護福祉士取得者率が高い	グループケアを実施。認知症や要介護の入居者に「安心」を提供しているホーム。24 時間看護職員を配置し、かかりつけ医の指示のもと夜間の医療的ケアや日々の健康管理を実施。介護職員やケアマネジャーなど多職種で情報共有をし、些細な変化も見逃さないよう心掛けることにより、より安心して生活いただけるよう努めている。

介護付き有料老人ホーム

ライフェール

要介護高齢者対象

中 ★★

兵庫県伊丹市春日丘 3-27-2
運営会社：株式会社グッドライフ

編集部ポイント	ホームの特長
☑ホーム長の積極性 ☑認知症対応力 ☑アクティビティ活動の充実 ☑共用施設の充実 ☑看取り能力	隣接する千坪の畑で農園と花園を設置。園芸やガーデニング、野菜の収穫によって入居者の心身のリハビリに役立てている。開放的なテラス付きの中庭には、「やまぼうし」の樹が植えられ、入居者の心の癒しに。ユニットケアを取り入れ認知症の方も安心して生活いただける。共用施設とアクティビティ活動の充実が評価されているホーム。

介護付き有料老人ホーム

チャームスイート 宝塚中山

要介護高齢者対象

中 ★★

兵庫県宝塚市中筋 8-24-15
運営会社：株式会社チャーム・ケア・コーポレーション

編集部ポイント	ホームの特長
☑職員の接遇態度の良さ ☑居心地の良さ ☑職員の定着力 ☑看取り能力 ☑アクティビティ活動の充実	同ホームの特長はとにかく接遇が良いこと。同社全体で接遇教育を徹底。大阪市内に研修センターをおき、さまざまな研修プログラムを実施。特に力を入れている接遇研修の成果が出ているホーム。接遇が良ければ、ホーム全体の雰囲気が良くなり、居心地の良さでも評価されている。職員の離職率が低いのも同ホームの特長。

介護付き有料老人ホーム
チャーム 尼崎東園田

☑特別コラム P.182

要介護高齢者対象

中 ★★

兵庫県尼崎市東園田町 5-61-1

運営会社：株式会社チャーム・ケア・コーポレーション

編集部ポイント	ホームの特長
☑ホーム長の積極性 ☑認知症対応力 ☑職員の接遇態度の良さ ☑アクティビティ活動の充実 ☑居心地の良さ	受け入れの積極性で特に高い評価を受ける。お客さまファーストを掲げ、ケアに困難が伴うことが考えられる方でも、スタッフ全体で前向きに受け入れの議論を行うなど受け入れの意識を徹底。入居者最優先の意識はアクティビティにも表れ、外出レクの行き先を入居者の希望に任せるなど、入居者の希望を優先したアクティビティ活動を実施している。

住宅型有料老人ホーム
シニアスタイル尼崎

要介護高齢者対象

中 ★★

兵庫県尼崎市道意町 5-4

運営会社：株式会社シニアスタイル

編集部ポイント	ホームの特長
☑職員の接遇態度の良さ ☑アクティビティ活動の充実 ☑居心地の良さ ☑リハビリ力 ☑看取り能力	「その人が、その人らしい暮らしの実現を目指すシニアスタイル」を企業理念とし、介護は満足、リハビリは希望・医療は安心と考え、きめ細かい介護サービス、専門職による個別リハビリによるADLの維持、在宅医療の経験の多い医師との連携により、「終の棲家」として安心して利用できる。ほぼ毎日行われるレクリエーション活動も評判のホーム。

介護付き有料老人ホーム
まどか武庫川

要介護高齢者対象

中 ★★

兵庫県西宮市小松北町 1-2-23

運営会社：株式会社ベネッセスタイルケア

編集部ポイント	ホームの特長
☑看取り能力 ☑リハビリ力 ☑共用施設の充実 ☑職員の接遇態度の良さ ☑ホーム長の積極性	グループケアを実施、フロア専属スタッフと顔なじみの関係づくりを行うことで、認知症の方にとっても安心感を抱いて生活いただけるのが同ホームの特長。安心感を得られる環境づくりが、入居者の穏やかな生活に役立っている。リハビリ力とアクティビティ活動の充実も同ホームの特長。

介護付き有料老人ホーム　☑特別コラム P.184　**要介護高齢者対象**

クオレ門真

低 ★★★

大阪府門真市南野口町 10-8
運営会社：株式会社クオレ

編集部ポイント	ホームの特長
☑看取り能力 ☑ホーム長の積極性 ☑認知症対応力 ☑職員の定着力 ☑居心地の良さ	看取り能力が高いことが同ホームの特長。看護師の施設長をはじめ看護師全員がオンコール体制を取り、協力医療機関の医師と連携し看取り期の入居者の対応を実施。施設長をはじめ同ホーム開設期から16年継続勤務を行うスタッフが多く、入居者とも顔なじみの関係を築くことで、認知症の対応力やホームの居心地の良さに関しても高評価を得ている。

介護付き有料老人ホーム　☑特別コラム P.186　**要介護高齢者対象**

ぽぷら

低 ★★★

大阪府寝屋川市三井が丘 1-13-1
運営会社：株式会社 ぽぷら

編集部ポイント	ホームの特長
☑食事の評判が良い ☑リハビリ力 ☑アクティビティ活動の充実 ☑職員の接遇態度の良さ ☑看取り能力	同ホームの特長はアクティビティ活動の充実。理学療法士による体操やゲーム、介護スタッフが担当する脳トレーニング、運動。身体を動かす機会を多く設けることで、ADLの維持・改善を実現。外食・買い物ツアーも入居者の希望を聞き頻繁に実施。食事へのこだわりも特長の1つ。隣接する農園より米をはじめ野菜や果物などの食材を直接仕入れている。

住宅型有料老人ホーム　☑特別コラム P.188　**要介護高齢者対象**

ささゆりの宿り

低 ★★

大阪府箕面市彩都粟生南 2-25-17
運営会社：株式会社ＭＳＣ

編集部ポイント	ホームの特長
☑食事の評判が良い ☑職員の接遇態度の良さ ☑ホーム長の積極性 ☑居心地の良さ ☑看取り能力	緑豊かな閑静な住宅街に立地。24時間訪問看護ステーションと提携し看護師常駐。医療機関と連携し医療依存度の高い入居者でも積極的に受け入れている。職員の定着力も高い。食事にもこだわり体調や健康状態を考慮のうえ、旬の食材を使った作り立ての食事を提供。

介護付き有料老人ホーム　**要介護高齢者対象**

チャーム 東淀川豊里　低 ★★

大阪府大阪市東淀川区豊里 5-23-22
運営会社：株式会社チャーム・ケア・コーポレーション

編集部ポイント	ホームの特長
☑職員の接遇態度の良さ ☑ホーム長の積極性 ☑アクティビティ活動の充実 ☑居心地の良さ ☑看取り能力	アクティビティ活動が評判を呼んでいるホーム。例えば、屋上での花火大会。入居者の方に屋上に集まってもらい、職員がドラゴン花火や打ち上げ花火による花火大会を実施。入居者の方々にとても喜ばれたそう。そのほかにも、流しそうめん、生花アレンジメントなど、入居者参加型イベントが多いのが特長。

サービス付き高齢者向け住宅　☑特別コラム P.190　**要介護高齢者対象**

ＩＹＡＳＡＫＡ 伊丹　低 ★★

兵庫県伊丹市野間北 1-8-34
運営会社：株式会社ＳＨＩＦＴ

編集部ポイント	ホームの特長
☑ホーム長の積極性 ☑認知症の対応力 ☑看取り能力 ☑アクティビティ活動の充実 ☑居心地の良さ	「生活サポート」＋「介護サポート」＋「医療サポート」の３つのサポートで入居者・入居者家族の安心を確保するホーム。特に生活サポートはアクティビティの充実、介護サポートは入居者個々の生きがいを演出するという気持ちで取り組むことによる、認知症対応力の高さの評価が高いホーム。

介護付き有料老人ホーム　**要介護高齢者対象**

ユトリーム箕面桜ヶ丘　高 ★

大阪府箕面市桜ケ丘 3-8-36
運営会社：株式会社かんでんジョイライフ

編集部ポイント	ホームの特長
☑広々とした居室 ☑余裕のある人員配置 ☑介護福祉士率が高い	関西電力グループが運営するホームのため経営は堅実。要介護者対象のホームにしては居室が広く、広々とした共用施設を有している。職員の接遇態度の良さと居心地の良さが評価されているホーム。

住宅型有料老人ホーム　**要介護高齢者対象**

チャームスイート 千里津雲台

高

大阪府吹田市津雲台 5-13-34
運営会社：株式会社チャーム・ケア・コーポレーション

編集部ポイント	ホームの特長
☑ 職員の接遇態度の良さ ☑ 居心地の良さ ☑ アクティビティ活動の充実	居心地の良さ、アクティビティ活動の充実が特に評価されているホーム。「アートギャラリーホーム」と銘打ち、芸大生・美大生の作品を館内に配置し、心の癒しにつなげている。

住宅型有料老人ホーム　**要介護高齢者対象**

グッドタイム リビング 香里ヶ丘－けやき通り－

高

大阪府枚方市香里ヶ丘 3-8-52
運営会社：グッドタイムリビング株式会社

編集部ポイント	ホームの特長
☑ アクティビティ活動の充実 ☑ 居心地の良さ ☑ 職員の接遇態度の良さ	職員の接遇態度の良さ、施設長の受け入れの積極性、アクティビティの充実、居心地の良さが評価されているホーム。軽度の要介護者におすすめのホーム。

介護付き有料老人ホーム　☑ 特別コラム P.174　**要介護高齢者対象**

コンシェール阿倍野

高

大阪府大阪市阿倍野区旭町 1-3-11
運営会社：株式会社リエイ

編集部ポイント	ホームの特長
☑ 職員の接遇態度の良さ ☑ 共用施設の充実 ☑ 看取り能力	地下鉄天王寺駅から徒歩 4 分。近隣には阿倍野近鉄百貨店や商業施設があり暮らしにも便利。夫婦での入居も多数。職員の接遇態度と施設長の受け入れ姿勢が高評価。食事の評判も良い。

サービス付き高齢者向け住宅　**要介護高齢者対象**

センチュリーシティ都島

高

大阪府大阪市都島区善源寺町 2-2-88
運営会社：株式会社 センチュリーライフ

編集部ポイント	ホームの特長
☑ 共用施設の充実 ☑ 看取り能力 ☑ リハビリ力	地下鉄都島駅から徒歩圏内。長谷工の子会社の運営。高級感のある建物に広々とした共用施設が評価されている。24 時間看護体制で医療依存度の高い方におすすめ。看取り能力も高い。

介護付き有料老人ホーム　　要介護高齢者対象

くらら仁川

高

兵庫県宝塚市仁川北 2-9-59

運営会社：株式会社ベネッセスタイルケア

編集部ポイント	ホームの特長
☑ 余裕のある人員配置 ☑ リハビリ力 ☑ 看取り能力	グループケアに取り組み認知症対応力が高い。余裕のある人員配置と職員の接遇態度の良さで高評価。リハビリ力、看取り能力も評価されている。介護度の高い方に適したホーム。

住宅型有料老人ホーム　　要介護高齢者対象

グッドタイム リビング 尼崎新都心

高

兵庫県尼崎市潮江 1-3-34

運営会社：グッドタイムリビング株式会社

編集部ポイント	ホームの特長
☑ アクティビティ活動の充実 ☑ 共用施設の充実 ☑ 職員の接遇態度の良さ	大和証券グループの運営。職員の接遇態度と施設長の受け入れへの積極性が高い評価を受けている。アクティビティ活動の充実も評価されている。比較的軽度の要介護者におすすめのホーム。

介護付き有料老人ホーム　　要介護高齢者対象

Le MONDO

高

兵庫県西宮市若山町 8-17

運営会社：社会福祉法人 千種会

編集部ポイント	ホームの特長
☑ 共用施設の充実 ☑ 職員の接遇態度の良さ ☑ アクティビティ活動の充実	寮の改装型だが、テーブル・椅子などの調度品を豪華にし高級感あふれる内装。広々とした共用施設、檜風呂、檜の足湯など共用部の評価が高い施設。契約農家から直接取り寄せたお米を使用した食事も評判。

住宅型有料老人ホーム　　要介護高齢者対象

グランダ夙川東

高

兵庫県西宮市神垣町 6-13

運営会社：株式会社ベネッセスタイルケア

編集部ポイント	ホームの特長
☑ 共用施設の充実 ☑ 職員の接遇態度の良さ ☑ アクティビティ活動の充実	西宮市内の閑静な住宅街に立地。「自分らしく生きていく」ために何が必要なのかを考えサポートしている。「アクティビティ」や「お食事」「おもてなし」などを通じて、安心感と暮らしのご提案を実施。

介護付き有料老人ホーム
ザ・レジデンス芦屋スイートケア
要介護高齢者対象
高

兵庫県芦屋市海洋町 12-3
運営会社：株式会社シティインデックスホスピタリティ

編集部ポイント	ホームの特長
☑共用施設の充実 ☑看取り能力 ☑リハビリ力	館内にクリニック設置。24 時間看護師常駐とあり医療対応力、看取り能力、リハビリ力が高い。充実の共用施設で居心地の良さも高評価。駅から離れているが無料巡回バスを運行している。

介護付き有料老人ホーム
リハビリホームくらら芦屋
要介護高齢者対象
高

兵庫県芦屋市川西町 7-15
運営会社：株式会社ベネッセスタイルケア

編集部ポイント	ホームの特長
☑共用施設の充実 ☑リハビリ力 ☑看取り能力	ゆったりとした共用施設、余裕のある人員配置が評価。グループケアを取り入れており認知症の対応力も高く、リハビリ力、看取り能力も高い。認知症や医療依存度の高い方におすすめのホーム。

介護付き有料老人ホーム
SOMPO ケア　ラヴィーレ六甲
要介護高齢者対象
高

兵庫県神戸市灘区篠原伯母野山町 1-2-2
運営会社：ＳＯＭＰＯケア株式会社

編集部ポイント	ホームの特長
☑職員の接遇態度の良さ ☑ホーム長の積極性 ☑看取り能力	明るく広いダイニングやカフェがあり、六甲の上質な雰囲気のなかでゆとりある暮らしが送れる。 職員の接遇態度、施設長の受け入れへの積極性、居心地の良さが評価されている。

介護付き有料老人ホーム
グランダ御影山手
要介護高齢者対象
高

兵庫県神戸市東灘区御影山手 1-2-26
運営会社：株式会社ベネッセスタイルケア

編集部ポイント	ホームの特長
☑職員の接遇態度の良さ ☑リハビリ力 ☑看取り能力	緑に囲まれ、散歩も楽しめる環境。近隣には「深田池公園」があり人気の散歩スポット。広々とした共用施設と職員の接遇の良さも相まって、居心地の良いホームとして評価が高い。

介護付き有料老人ホーム　**要介護高齢者対象**

グランダ御影山手弐番館　高

兵庫県神戸市東灘区御影山手 1-2-31
運営会社：株式会社ベネッセスタイルケア

編集部ポイント	ホームの特長
☑ 職員の接遇態度の良さ ☑ 看取り能力 ☑ リハビリ力	閑静な住宅地に立地。広々とした共用施設を整備し、余裕のある人員配置となっている。職員の接遇態度の良さもあり、居心地の良いホームとして人気が高い。リハビリ力と看取り能力が高いのも特長。

介護付き有料老人ホーム　**要介護高齢者対象**

グランフォレスト神戸御影　高

兵庫県神戸市東灘区鴨子ケ原 3-2-43
運営会社：スミリンフィルケア株式会社

編集部ポイント	ホームの特長
☑ 職員の接遇態度の良さ ☑ 共用施設の充実 ☑ リハビリ力	住友林業の子会社が運営。良質な木材を使用したホーム。六甲山麓に立地し眺望も抜群。ゆったりとした共用施設や職員の接遇態度の良さ、施設長の受け入れに対する積極性が高評価。

住宅型有料老人ホーム　**要介護高齢者対象**

メディカル・リハビリホームグランダ岡本　高

兵庫県神戸市東灘区岡本 6-13-3
運営会社：株式会社ベネッセスタイルケア

編集部ポイント	ホームの特長
☑ リハビリ力 ☑ 看取り能力 ☑ 職員の接遇態度の良さ	大阪湾を見下ろす高台からの眺望と自然環境に恵まれたホーム。リハビリ力の評価が高い。リハビリの専門職である機能訓練指導員を配置し多職種間連携を実施している。

介護付き有料老人ホーム　**要介護高齢者対象**

チャームスイート 神戸北野　高

兵庫県神戸市中央区北野町 1-2-13
運営会社：株式会社チャーム・ケア・コーポレーション

編集部ポイント	ホームの特長
☑ 職員の接遇態度の良さ ☑ 共用施設の充実 ☑ 職員の定着力	新神戸駅から徒歩 9 分。ゆったりとした共用施設が自慢。職位の離職率が低く、接遇態度への評価も高い。職員の質が良いホーム。居心地の良さが高く評価されている。

介護付き有料老人ホーム
要介護高齢者対象

SOMPO ケア　ラヴィーレ神戸伊川谷

高

兵庫県神戸市西区伊川谷町有瀬 1745-1
運営会社：ＳＯＭＰＯケア株式会社

編集部ポイント	ホームの特長
☑ 共用施設の充実 ☑ ホーム長の積極性 ☑ 職員の接遇態度の良さ	4 階のダイニングや大浴場から、明石海峡大橋を望むことができる。広々とした共用施設が自慢。職員の接遇の良さ、施設長の受け入れへの積極性が評価されているホーム。

介護付き有料老人ホーム
要介護高齢者対象

SOMPO ケア　ラヴィーレ神戸垂水

高

兵庫県神戸市垂水区名谷町猿倉 285
運営会社：ＳＯＭＰＯケア株式会社

編集部ポイント	ホームの特長
☑ 職員の接遇態度の良さ ☑ ホーム長の積極性 ☑ アクティビティ活動の充実	広い庭園・菜園があり、季節の移り変わりが目の前で楽しめるホーム。職員の接遇の良さ、施設長の受け入れへの積極性、居心地の良さが評価されている。多様なアクティビティ活動も評価されている。

介護付き有料老人ホーム
要介護高齢者対象

みやの楽々園

中

大阪府高槻市宮野町 7-1
運営会社：株式会社光真

編集部ポイント	ホームの特長
☑ 看取り能力 ☑ 職員の接遇態度の良さ ☑ ホーム長の積極性	母体は病院系列で診療所を併設。医療依存度の高い方も受け入れ可能。広々とした共用施設と調度品が高級感を演出。職員の接遇態度の良さと受け入れの積極性が高い評価を得ている。

介護付き有料老人ホーム
要介護高齢者対象

まどか茨木

中

大阪府茨木市寺田町 5-14
運営会社：株式会社ベネッセスタイルケア

編集部ポイント	ホームの特長
☑ 職員の接遇態度の良さ ☑ 認知症の対応力 ☑ 看取り能力	認知症ケアに強い。アクティビティ活動が盛んで入居者にアクリルタワシとメッセージカードを作ってもらい、ホームを訪れた方にお渡しするのが定番。入居者や家族に喜ばれている。

介護付き有料老人ホーム　**要介護高齢者対象**

カリエール茨木　中

大阪府茨木市東太田 4-6-16
運営会社：グリーンライフ株式会社

編集部ポイント	ホームの特長
☑看取り能力 ☑職員の定着力 ☑認知症への対応力	職員の接遇に力を入れている。施設長が教育に力を入れている。共用施設も広々としており居心地の良さも高評価。グループケアを取り入れ、認知症対応力に対する評価も高い。

介護付き有料老人ホーム　**要介護高齢者対象**

チャーム 四條畷　中

大阪府四條畷市西中野 1-2-18
運営会社：株式会社チャーム・ケア・コーポレーション

編集部ポイント	ホームの特長
☑居心地の良さ ☑職員の接遇態度の良さ ☑看取り能力	木造２階建てで館内が広々としている。共用施設も多い。敷地内にある農園で入居者とスタッフが四季折々の野菜を育てている。要介護度が低く、活動的なシニアにおすすめ。

介護付き有料老人ホーム　**要介護高齢者対象**

SOMPO ケア　ラヴィーレ弁天町　中

大阪府大阪市港区市岡 1-2-24
運営会社：ＳＯＭＰＯケア株式会社

編集部ポイント	ホームの特長
☑居心地の良さ ☑職員の接遇態度の良さ ☑リハビリ力	緑を意識した屋上庭園や中庭を設置。リハビリ専門職を配置しリハビリに力を入れている。職員の接遇態度の良さ、施設長の積極的な受け入れ姿勢、居心地の良さが評判のホーム。

介護付き有料老人ホーム　**要介護高齢者対象**

SOMPO ケア　ラヴィーレ南堀江　中

大阪府大阪市西区南堀江 4-30-4
運営会社：ＳＯＭＰＯケア株式会社

編集部ポイント	ホームの特長
☑看取り能力 ☑職員の定着力 ☑認知症への対応力	リハビリ専門職を配置し、「立つ」「座る」など入居者の筋力を最大限に活かせる「生活リハビリ」に力を入れている。職員の接遇態度の良さ、居心地の良さも評価が高い。

介護付き有料老人ホーム　**要介護高齢者対象**

ツクイ・サンシャイン南巽　中

大阪府大阪市生野区巽中 4-4-16

運営会社：株式会社ツクイ

編集部ポイント	ホームの特長
☑ リハビリ力 ☑ 介護福祉士率の高さ ☑ 施設中の積極性	リハビリ専門職による機能訓練に力を入れており、週２回以上の個別機能訓練を行っている。職員の接遇の良さと受け入れへの積極性の評価が高い。

介護付き有料老人ホーム　**要介護高齢者対象**

チャームスイート 宝塚売布　中

兵庫県宝塚市売布 4-1-25

運営会社：株式会社チャーム・ケア・コーポレーション

編集部ポイント	ホームの特長
☑ 職員の接遇態度の良さ ☑ 居心地の良さ ☑ 看取り能力	広々とした共用施設も特長の１つ。同社が運営する他施設同様、職員の接遇の良さ、施設長の積極的な受け入れ姿勢、アクティビティ活動への取り組みが高い評価を受けているホーム。

サービス付き高齢者向け住宅　**要介護高齢者対象**

ナーシングケア　ラウレート若王寺　中

兵庫県尼崎市若王寺 3-26-18

運営会社：医療法人社団青洲会

編集部ポイント	ホームの特長
☑ 食事の評判が良い ☑ 職員の定着力 ☑ 看取り能力	系列法人が病院と在宅クリニックを運営。24 時間看護師常駐。看取り能力も高い。リハビリ力も評価されており、施設長は医療依存度の高い方も積極的に受け入れを実施。

介護付き有料老人ホーム　**要介護高齢者対象**

はぴね神戸魚崎　中

兵庫県神戸市東灘区魚崎南町 5-5-21

運営会社：グリーンライフ株式会社

編集部ポイント	ホームの特長
☑ 職員の接遇態度の良さ ☑ 看取り能力 ☑ 認知症対応力	施設長やスタッフがもう１つの「家」として「家庭的なホーム」をつくりたいという思いのホーム。認知症対応力で高評価を得る。職員の接遇態度の良さと居心地の良さも評価が高い。

介護付き有料老人ホーム

はぴね神戸魚崎弐番館

要介護高齢者対象

中

兵庫県神戸市東灘区魚崎南町 8-10-7
運営会社：グリーンライフ株式会社

編集部ポイント	ホームの特長
☑ 職員の接遇態度の良さ ☑ 認知症への対応力 ☑ 共用施設の充実	「もう 1 つのお家」として入居者が楽しく明るく暮らせる居場所づくりに施設長以下スタッフ一同が取り組んでいる。認知症対応力の評判が高いホーム。広々とした共用空間が特長。

サービス付き高齢者向け住宅

シュールメゾンポプラ東山

要介護高齢者対象

低

大阪府池田市東山町 551
運営会社：株式会社ポプラコーポレーション

編集部ポイント	ホームの特長
☑ 看取り能力 ☑ 職員の定着力 ☑ 認知症への対応力	同一敷地内に系列の診療所と訪問看護 ST を設置。医師、看護職、介護職が連携して医療依存度の高い方の受け入れを積極的に行っている。重度の要介護者におすすめのホーム。

介護付き有料老人ホーム

SOMPO ケア　そんぽの家　池田

要介護高齢者対象

低

大阪府池田市神田 3-11-1
運営会社：ＳＯＭＰＯケア株式会社

編集部ポイント	ホームの特長
☑ 職員の接遇態度の良さ ☑ ホーム長の積極性 ☑ 職員の定着力	職員の接遇態度の良さと施設長の評判の良いホーム。グループケアを実施しているため認知症高齢者向き。大手事業者の運営だがアットホームな雰囲気が評判のホーム。

介護付き有料老人ホーム

プレザンメゾン箕面

要介護高齢者対象

低

大阪府箕面市半町 3-14-10
運営会社：株式会社ケア２１

編集部ポイント	ホームの特長
☑ 食事の評判が良い ☑ 職員の定着力 ☑ 看取り能力	緑を多く取り入れ、入居者と一緒に施設内の畑で季節の野菜や花を育てる。運営会社が認知症対応型グループホームを多く運営しており、認知症対応力に高い評価を得ている。

住宅型有料老人ホーム　**要介護高齢者対象**

スーパー・コート箕面小野原

低

大阪府箕面市小野原西 6-14-15
運営会社：株式会社スーパー・コート

編集部ポイント	ホームの特長
☑ 職員の接遇態度の良さ ☑ ホーム長の積極性 ☑ 認知症への対応力	同社が運営するホームはほとんどのホームで週数回温泉が楽しめる。職員教育が行き届き、職員の接遇態度が良い。認知症対応力も高く評価されている。

住宅型有料老人ホーム　**要介護高齢者対象**

はっぴーらいふ 吹田

低

大阪府吹田市朝日が丘町 13-1
運営会社：株式会社ライフケア・ビジョン

編集部ポイント	ホームの特長
☑ 職員の定着力 ☑ リハビリ力 ☑ ホーム長の積極性	専門家による無料のマッサージサービスや「マイクロバブル」の風呂、有名料理人の下で修業した料理人の食事、睡眠センサー導入など運営にさまざまな工夫を凝らしているホーム。

サービス付き高齢者向け住宅　☑特別コラム P.192　**要介護高齢者対象**

シャンテ南吹田

低

大阪府吹田市南吹田 3-11-14
運営会社：株式会社 スマイルライフ

編集部ポイント	ホームの特長
☑ 職員の接遇態度の良さ ☑ ホーム長の積極性 ☑ 認知症対応力	とにかく入居相談会社の相談員に評判のホーム。施設長の評判が良く、職員教育もしっかり行われているため職員の接遇態度も良い。認知症対応力、アクティビティの取り組みも高評価。

サービス付き高齢者向け住宅　**要介護高齢者対象**

SOMPO ケア　そんぽの家 S 茨木中穂積

低

大阪府茨木市中穂積 3-16-16
運営会社：ＳＯＭＰＯケア株式会社

編集部ポイント	ホームの特長
☑ 居室の広さ ☑ 職員の定着力 ☑ 職員の接遇態度の良さ	居室内に浴室があり、調理も居室内で可能。自立に近い軽介護の方におすすめのホーム。職員の接遇態度の良さ、施設長の受け入れへの積極性が評価されているホーム。

サービス付き高齢者向け住宅 ☑特別コラム P.194 **要介護高齢者対象**

ロイヤルホーム柴原

低

大阪府豊中市柴原町 2-6-25
運営会社：有限会社ハートフルケア

編集部ポイント	ホームの特長
☑食事の評判が良い ☑職員の定着力 ☑看取り能力	運営会社が職員を大切にする会社。職員の定着率が高くホームの雰囲気が良い。自社調理による食事の評価が高い。看取り能力も高く、低価格ながら要介護の方が安心して暮らせるホーム。

介護付き有料老人ホーム **要介護高齢者対象**

SOMPO ケア　そんぽの家　豊中南曽根

低

大阪府豊中市曽根南町 2-12-25
運営会社：ＳＯＭＰＯケア株式会社

編集部ポイント	ホームの特長
☑職員の接遇態度の良さ ☑看取り能力 ☑認知症への対応力	認知症グループホーム併設のホームで、認知症への対応力が高い。ご入居者さま主催の音楽鑑賞会や、介護職員の明るい接遇態度で、明るく楽しく過ごせる老人ホームを目指している。

介護付き有料老人ホーム ☑特別コラム P.196 **要介護高齢者対象**

はなまる香里園

低

大阪府枚方市香里園山ノ手町 23-30
運営会社：有限会社はなまる

編集部ポイント	ホームの特長
☑リハビリ力 ☑看取り能力 ☑アクティビティ活動の充実	クッキング、ツアー、文化活動、演奏会、外出などさまざまなアクティビティ活動を毎週のように実施しており、アクティビティ活動が充実したホーム。リハビリ力や看取り能力も高い。

介護付き有料老人ホーム **要介護高齢者対象**

SOMPO ケア　そんぽの家　交野駅前

低

大阪府交野市私部 2-5-2
運営会社：ＳＯＭＰＯケア株式会社

編集部ポイント	ホームの特長
☑アクティビティ活動の充実 ☑共用施設の充実 ☑看取り能力	広々とした共用施設が特長。看取り能力も高い。レクリエーションや行事に力を入れており、その点が高く評価されている。施設長の受け入れに対する積極性も評価が高い。

住宅型有料老人ホーム ☑特別コラム P.198 **要介護高齢者対象**

フォーユー門真

低

大阪府門真市三ツ島 2-8-15
運営会社：株式会社 日健マネジメント

編集部ポイント	ホームの特長
☑ ホーム長の積極性 ☑ 認知症への対応力 ☑ 看取り能力	広々とした共用施設が魅力の花に囲まれたホーム。認知症の対応に力を入れ、認知症の方が安心して入居できる点も評判が高い。看取り能力も高く認知症で要介護度の高い方におすすめ。

介護付き有料老人ホーム **要介護高齢者対象**

チャーム 東淀川瑞光

低

大阪府大阪市東淀川区南江口 2-6-86
運営会社：株式会社チャーム・ケア・コーポレーション

編集部ポイント	ホームの特長
☑ 職員の接遇態度の良さ ☑ ホーム長の積極性 ☑ アクティビティ活動の充実	職員の接遇態度と施設長の受け入れ姿勢の評価が高いホーム。アクティビティにも力を入れており、喫茶店イベントや落語会、外出レクリエーションなど入居者が楽しめるイベントを企画実施している。

介護付き有料老人ホーム **要介護高齢者対象**

チャーム 新大阪淡路

低

大阪府大阪市東淀川区淡路 2-3-6
運営会社：株式会社チャーム・ケア・コーポレーション

編集部ポイント	ホームの特長
☑ 職員の接遇態度の良さ ☑ ホーム長の積極性 ☑ アクティビティ活動の充実	淀川キリスト教病院および同病院の訪問看護との連携で医療依存度の高い方の受け入れにも積極的。看取り能力も高い。広々とした共用施設で、ダイニングは最上階に配置されている。

サービス付き高齢者向け住宅 **要介護高齢者対象**

SOMPO ケア　そんぽの家 S 淡路駅前

低

大阪府大阪市東淀川区淡路 3-20-26
運営会社：ＳＯＭＰＯケア株式会社

編集部ポイント	ホームの特長
☑ 職員の接遇態度の良さ ☑ 居室の広さ ☑ 看取り能力	要介護の入居者向けの施設としては居室が広く、浴室、キッチンも居室内に設置。看取り能力も高い。職員の接遇態度の良さと、居心地の良さに関して評価が高いホーム。

サービス付き高齢者向け住宅 ☑特別コラム P.200 **要介護高齢者対象**

一家団蘭あさひ

低

大阪府大阪市旭区中宮 4-13-13
運営会社：株式会社 １９８３

編集部ポイント	ホームの特長
☑ 食事の評判が良い ☑ 職員の定着力 ☑ 看取り能力	看護師が24時間対応。看取り能力が高いホーム。定期的な居酒屋の開催などアクティビティ活動の評判も良い。接遇態度の良さ、受け入れの積極性、居心地の良さなどの評価が高いホーム。

介護付き有料老人ホーム **要介護高齢者対象**

ラウレート武庫川

低

兵庫県尼崎市武庫川町 1-9
運営会社：株式会社アルスタック

編集部ポイント	ホームの特長
☑ 看取り能力 ☑ 余裕のある人員配置 ☑ 認知症対応力	医療法人の系列会社が運営。系列病院・クリニックと施設の 24 時間常駐の看護師が連携し、医療依存度の高い入居者の受け入れが可能。看取り能力も高い。余裕のある職員配置も評判。

介護付き有料老人ホーム **要介護高齢者対象**

チャーム 西宮用海町

低

兵庫県西宮市用海町 2-3
運営会社：株式会社チャーム・ケア・コーポレーション

編集部ポイント	ホームの特長
☑ 看取り能力 ☑ 職員の接遇態度の良さ ☑ 居心地の良さ	広々とした共用施設が評判。常勤の柔道整復師によるリハビリ、看取り能力も評価されている。職員の接遇態度の良さ、施設長の受け入れ意欲の高さは評判を呼んでいる。総合的に居心地の良い施設。

介護付き有料老人ホーム **要介護高齢者対象**

エクセレント神戸

低

兵庫県神戸市兵庫区菊水町 10-9-18
運営会社：株式会社エクセレントケアシステム

編集部ポイント	ホームの特長
☑ 職員の定着力 ☑ リハビリ力 ☑ 職員の接遇態度の良さ	職員の離職率が低く、介護福祉士取得率が高い。理学療法士を配し、リハビリ力も高い。職員の接遇態度の良さと施設長の受け入れに対する積極性が評価されているホーム。

介護付き有料老人ホーム　☑特別コラム P.202　**自立入居者対象**

ドマーニ神戸

高 ★★★

兵庫県神戸市垂水区本多聞 3-1-37
運営会社：スミリンケアライフ株式会社

編集部ポイント	ホームの特長
☑ 共用施設の充実 ☑ 余裕のある職員配置 ☑ 職員の定着力 ☑ 職員の接遇態度の良さ ☑ 看取り能力	関西の超高級型有料老人ホームの草分け的存在。他ホームの手本となっている。介護力・看護力も高評価。安心して看取りまで任せることができる。館内にクリニックも設置。医師が熱心で入居者に安心感を与えている。一般居室は新入居時にリフォームするため新築同様。共用施設も充実。職員の接遇態度は抜群の評価を受けている。

介護付き有料老人ホーム　**自立入居者対象**

サンシティ高槻

高 ★★

大阪府高槻市芝谷町 53-3
運営会社：株式会社ハーフ・センチュリー・モア

編集部ポイント	ホームの特長
☑ 食事の評判が良い ☑ 共用施設の充実 ☑ 職員の接遇態度の良さ ☑ 余裕のある人員配置 ☑ 居心地の良さ	上質なリゾートホテルを意識した住空間と共有空間が自慢。いつ入居されても、何年経っても変わらない快適にお過ごしいただけるよう、清潔・清掃を徹底。高級料亭、ホテルなどの経験者の調理人と専属の栄養士が届ける食事も評判が良い。館内に診療所があり看護スタッフが24時間常駐しているため安心して日々の暮らしを送れるホーム。

介護付き有料老人ホーム　☑特別コラム P.204　**自立入居者対象**

アクティブライフ箕面

高 ★★

大阪府箕面市小野原東 6-24-3
運営会社：株式会社アクティブライフ

編集部ポイント	ホームの特長
☑ 職員の接遇態度の良さ ☑ 居心地の良さ ☑ 共用施設の充実 ☑ アクティビティ活動の充実 ☑ リハビリ力	関西の老舗ホーム。他施設の手本となっている。自立入居から看取りまでほぼ一般居室で過ごせる。健康寿命延伸の取り組みとして介護予防リハや運動プログラム、クラブ活動を用意し、居室に閉じこもらない工夫を凝らす。ほぼ 24 時間医師常駐のクリニックを設置し、24 時間看護師を配置。入居者が安心し生活できる環境を用意している。

介護付き有料老人ホーム

サンシティパレス塚口

自立入居者対象

高 ★★

兵庫県伊丹市車塚 1-32-7

運営会社：株式会社ハーフ・センチュリー・モア

編集部ポイント	ホームの特長
☑ 職員の接遇態度の良さ ☑ アクティビティ活動の充実 ☑ 居心地の良さ ☑ 共用施設の充実 ☑ 食事の評判が良い	上質なリゾートホテルを意識した住空間と共有空間が自慢。清掃を徹底し、清潔感が漂うホーム。高級料亭、ホテルなどの経験者の調理人と、専属の栄養士が届ける食事も評判が良い。館内に診療所があり看護スタッフが 24 時間常駐しているため、安心して日々の暮らしを送れるホーム。大規模なホームのため共用施設が充実。

介護付き有料老人ホーム

☑ 特別コラム P.206

トラストガーデン宝塚

自立入居者対象

高 ★★

兵庫県宝塚市花屋敷つつじガ丘 4-11

運営会社：トラストガーデン株式会社

編集部ポイント	ホームの特長
☑ 食事の評判が良い ☑ 職員の接遇態度が良い ☑ ホーム長の積極性 ☑ 居心地の良さ ☑ 居室の広さ	自立入居から看取りまでほぼ一般居室で過ごせるのが大きな特長。入居年齢に合わせた 1 年刻みの料金設定もユニーク。職員教育、定着力が自慢のホーム。職員の接遇態度の良さ、居心地の良さが評価されている。リゾートトラスト料理飲料部門が全面的にバックアップする、経験豊富なプロによる、飽きのこない変化に富んだ献立が評判。

介護付き有料老人ホーム

コンフォートヒルズ六甲

自立入居者対象

高 ★★

兵庫県神戸市灘区篠原北町 3-11-14

運営会社：セコムフォートウエスト株式会社

編集部ポイント	ホームの特長
☑ 食事の評判が良い ☑ 共用施設の充実 ☑ リハビリ力 ☑ 看取り能力 ☑ 居心地の良さ	セコムグループが運営する超高級型ホーム。一般居室・共用施設ともに充実。同一敷地内に神戸海星病院が設置され予約により受診できるのが安心。健康寿命延伸の取り組みである「カレア」が評判。理学療法士がサポートするフィットネス、学習療法、音楽療法などを実施。24 時間の看護体制、専属シェフと管理栄養士が支える安心の食事の評価も高い。

介護付き有料老人ホーム

エレガーノ甲南

自立入居者対象

高 ★★

兵庫県神戸市東灘区本山南町 3-3-1

運営会社：スミリンケアライフ株式会社

編集部ポイント	ホームの特長
☑ 共用施設の充実 ☑ 居室の広さ ☑ リハビリ力 ☑ 看取り能力 ☑ 認知症対応力	女性デザイナーによるインテリアとエレガントな美しさによる空間演出、入居者が集いやすい生活動線も考慮した機能的なデザインが魅力のホーム。建物だけでなくソフト面の評判が高い。一般居室でできるだけ長く生活いただけるよう、専門職のアドバイスによる予防リハ、館内デイサービス、認知症対応フロア「ケアド・コモン」を用意。

介護付き有料老人ホーム

エレガリオ神戸

自立入居者対象

高 ★★

兵庫県神戸市中央区海岸通 6-2-14

運営会社：株式会社ユーキャン・ライフパートナー

編集部ポイント	ホームの特長
☑ 食事の評判が良い ☑ 共用施設の充実 ☑ 居室の広さ ☑ リハビリ力 ☑ 看取り能力	神戸市元町すぐの至便立地。共用施設の充実が自慢。特に最上階のスカイラウンジは神戸の街を一望できる。有料老人ホームには珍しく酒類の提供も行っている。館内にはクリニックもあり、自立入居者の安心感を生んでいる。100㎡以上の一般居室を用意するなど居室の広さも特長。都心暮らしをお望みの自立の方におすすめのホーム。

介護付き有料老人ホーム

エリーネス須磨

自立入居者対象

高 ★★

兵庫県神戸市須磨区友が丘 7-1-21

運営会社：株式会社 神戸健康管理センター

編集部ポイント	ホームの特長
☑ 共用施設の充実 ☑ リハビリ力 ☑ アクティビティ活動の充実 ☑ 看取り能力 ☑ 居心地の良さ	新須磨病院グループ。母体が医療・介護事業にさまざまな事業を営んでおり健康管理や介護のサービススキルは高い。自立の方でも看取りまで安心して暮らせるホーム。共用施設が充実しており、特に良質の温泉（弱アルカリ性、ラドン泉）を活かした大浴場が自慢。広い一般居室も特長。系列の新須磨病院に毎日送迎便が出ているのも安心。

介護付き有料老人ホーム

ロングライフ高槻

自立入居者対象

高

大阪府高槻市南松原町 11-6

運営会社：日本ロングライフ株式会社

編集部ポイント	ホームの特長
☑ 余裕のある人員配置 ☑ 職員の接遇態度の良さ ☑ ホーム長の積極性	業界の老舗会社が運営するホーム。建物、テーブル、椅子などの調度品は高級感がある。職員教育が自慢の運営会社だけあって、職員の接遇態度の良さと施設長の積極的な受け入れ姿勢には定評のある施設。

介護付き有料老人ホーム

カルム桃山台

自立入居者対象

高

大阪府吹田市春日 4-12-26

運営会社：株式会社 サフィールケア

編集部ポイント	ホームの特長
☑ 食事の評判が良い ☑ 職員の接遇態度の良さ ☑ 看取り能力	混合型有料老人ホームの老舗ホーム。スーパー、病院への巡回バス、入院時の着替えなどの届出サービス、クラブ活動の運営補助など、入居者ニーズのサービスをメニュー化している。

介護付き有料老人ホーム

ベルパージュ大阪上本町

自立入居者対象

高

大阪府大阪市天王寺区筆ケ崎町 5-52

運営会社：株式会社かんでんジョイライフ

編集部ポイント	ホームの特長
☑ 職員の接遇態度の良さ ☑ ホーム長の積極性 ☑ 余裕のある人員配置	関西電力の子会社が運営。大阪赤十字病院に隣接し、内科、整形外科、眼科などの医療モールを併設。職員の接遇態度の良さと施設長の評判が良い。アットホームな雰囲気が評判。

介護付き有料老人ホーム

ベルパージュ大阪帝塚山

自立入居者対象

高

大阪府大阪市住吉区万代 3-6-23

運営会社：株式会社かんでんジョイライフ

編集部ポイント	ホームの特長
☑ 余裕のある人員配置 ☑ 看取り能力 ☑ 居心地の良さ	関西電力の子会社が運営。大阪市内でも緑豊かな万代池公園に面した好立地。館内に診療所もあり安心。共用施設も充実。周辺環境の良さからか居心地の良いホームとして評価されている。

介護付き有料老人ホーム

レインボーハイツ

自立入居者対象

高

兵庫県川辺郡猪名川町伏見台 1-1-24

運営会社：株式会社生駒コーポレーション

編集部ポイント	ホームの特長
☑食事の評判が良い ☑リハビリ力 ☑居心地の良さ	母体が病院系列。リハビリ専門職（理学療法士）を配置しリハビリ力も高い。自社調理の食事が自慢。職員の接遇態度の良さは評価が高い。都心を離れてのんびりと暮らしたい自立高齢者向けホーム。

介護付き有料老人ホーム

ライフ＆シニアハウス神戸北野

自立入居者対象

高

兵庫県神戸市中央区加納町 2-7-11

運営会社：株式会社 生活科学運営

編集部ポイント	ホームの特長
☑職員の接遇態度の良さ ☑アクティビティ活動の充実 ☑共用施設の充実	神戸三宮が生活圏の利便性、世代を超えた多様な交流が自立の方々の生活に彩を与えるホーム。ゆったりとした共用施設と職員の接遇の良さ、アクティビティの充実が高く評価されているホーム。

三ツ星情報コラム

混合型ホーム（自立入居タイプ）の選び方

高齢期の住み替えは、弱ってから、介護が必要になってからと考えがちですが、本当に価値があるのは元気なうちの住み替えです。元気な状態で住み替えることで健康寿命を延ばすことができるからです。

元気なうちから入居できる混合型の住まい選びは、要介護になってからの施設選びと異なるポイントがあります。まずは元気な期間、自由・快適に暮らせる住環境が重要です。立地環境や部屋の広さ・間取り、共用スペースの豊富さなどが暮らしやすさを大きく左右します。外へ出掛けやすく買い物などもしやすい便利な立地環境、さらに狭過ぎず広過ぎない適切な広さの部屋、自分の時間を充実させ心身ともに健康増進ができるような共用設備などが整っているのが理想的です。フレイル（※身体機能や認知機能の低下）予防として効果的な取り組みやサービスがあればさらに良いでしょう。

もう1つ大切なのは将来の安心です。今は元気でもやがては心身が弱り、介護が必要な時期がやってきます。その時のことも踏まえて、認知症や重度の介護になってもそこで暮らし続けられるかをチェックしておく必要があります。医療連携も含め、看取りまで安心して任せられるところなら、将来の不安も解消し、より元気に長く自分らしい人生を送ることができるでしょう。

編集部イチオシ30!! 施設特別コラム

本調査の結果、１４７２施設のなかで、星が付与され、かつ編集部に評判のホーム30施設をご紹介します。

こちらでは、星が多く付与された施設の順に、高価格帯から中価格帯、低価格帯の順番となっており、対象別としては、要介護高齢者対象と、自立入居者対象とに分けています。快適で安心できる住み心地の良いホームを厳選しています。

コラムの見方

一目で施設のイメージが分かる写真

施設の種別、施設名、住所、運営会社

評価員イチオシ30!! 施設特別コラム

介護付有料老人ホーム

エイジフリー・ライフ大和田 ★★★

大阪府門真市常称寺町10-1 運営会社：パナソニックエイジフリー株式会社

医療・ターミナルケアに強み
看取りは200件を超える実績

１９９８年の開設という長い歴史を持つのが、パナソニックエイジフリー株式会社が運営する介護付有料老人ホーム「エイジフリー・ライフ大和田」だ。

「現在、働いているスタッフは70名のうち半数以上が10年以上のキャリアをもちます。ホーム自体の長い歴史とスタッフのキャリアによる経験・知識・ノウハウの蓄積により、看取りやほかのホームでは受け入れが難しいケースの対応実績などの面で、他社ホームには負けないという自信を持っています」と山崎誠施設長。開設以来の累計看取り数は２００名以上。今は年間平均で20件ぐらい退去があるが、そのうち17～18名がホームの中で最期を迎えている。ほとんどが家族からの「一緒に過ごしてきたホームの仲間に看取って欲しい」という希望によるものだ。

120

「開設以来、ご入居者のご様子を記した月次報告書の送付など小まめな連絡を行って家族と信頼関係を構築してきた成果だと思います」と施設長。

月額利用料プランで入居した場合の費用は約56万円。このクラスの高齢者住宅のなかでは比較的大阪の中心部から近いところもあり、大阪市内の大病院からの受け入れ依頼も多い。

ホームの歴史が長いこともあり、要介護４と５の入居者だけで全体の４割を占めているが、寝たきりやそれに近い人でも、寝かせきりにしないというホームの方針のもと、できるかぎり食事やアクティビティの場に出てもらっている。「もちろん参加はできませんが、みんなが楽しそうに過ごしている場所は当人にも刺激になります。普段はほとんどベッドでお過ごしになられている方でも、音楽アクティビティの場では耳を傾けているような仕草を見せることもあります」とも。

ハード面では、２０１４年にそれまで何もなかった屋上を「リハビリ庭園」としてリニューアルした。床材を万一転んでも安全なやわらかいものにしたほか、もともと屋上に祭られていた観音像までの距離を「ここから70メートル」など表示し、入居者が自発的に散歩したくなるような環境を整えている。ここの散歩をケアプランに組み込んでいる入居者もいるそう。

また、４階にリハビリテーションルームとカフェコーナーを組み合わせた「リハカフェ」があり、自転車こぎマシンやデジタルミラーなどのトレーニング機器が設置されている。こうした器械のリハビリテーションと、屋上庭園の散歩など、生活リハビリをうまく組み合わせている。ちなみに、リハビリ室にカフェを併設したのは「リハビリに行きましょう」という声がけだと拒否がある方が、「一緒にカフェに行きましょう」だと喜んで参加するから。入居者の心身の向上に誠意をもってつとめている施設だ。

要介護 高

121 第3章 三ツ星有料老人ホーム１０８選

付与された星の数

入居対象者と価格帯

(詳しくは P.113)

編集部の取材に基づく施設の特長

※介護の三ツ星コンシェルジュ編集部が、これまでの経験から独自に記載。内容についての責任は負えませんのでご了承ください。

住宅型有料老人ホーム ★★★

アーバニティ若水

大阪府大東市末広町 15-25　運営会社：株式会社アイネットケアサービス

医療法人とのグループ運営による有床総合クリニックと密な連携

医療法人グループという強みを活かした良質な医療と介護の提供が評価を受けているのが、株式会社アイネットケアサービスが運営する住宅型有料老人ホーム『アーバニティ若水』。

グループである医療法人恵和会は、JR住道駅前で内科、循環器・呼吸器内科、皮膚科、耳鼻咽喉科など、7つの診療科目を有するクリニックを運営している。ホームはそのクリニックから徒歩2分の場所にあり、入居者のほとんどの疾患にいち早く対応しているというから万全だ。クリニックには病室もあるので入院も可能。

また、ホームには看護師が24時間体制で常駐しているので、日々の健康管理はもちろん、緊急時も迅速に対応できる体制となっている。

『末期癌で余命3カ月』などの状態で入居してくる人

もいます。ホームで食事をして、ほどよい運動とイベントなどの楽しみを感じながら規則正しい生活をしていると、皆さん余命宣告期間よりもずっと長く過ごせるようになります。なかには余命宣告を受けて入居したあと、2年半住んでいた方もいました」と高橋辰美ホーム長は話す。最期は本人や家族が病院搬送を希望しない限りホームで看取ることをモットーとしており、年間10人程度を看取っているそうだ。

　そうした、医療・ターミナルケアの充実に力を入れる一方で、要介護・要支援認定を受けていない人の入居も可能で、そうした方が自宅にいた時と変わらない日常生活を楽しめるのも、このホームの大きな特長となっている。

　今は、新型コロナウイルス感染防止のために入居者の外出には制限がかけられているが、コロナ流行前までは、行き先を伝えれば届出不要で自由に外出できた。実際に電車に乗って梅田などに出掛けたり、泊まり掛けで旅行したりする入居者もいた。

　飲酒も自由で、自室で飲むほか、ダイニングで利用者どうしの宴会をすることも可能。スナック菓子や乾き物など、食中毒の危険性がない食べ物であれば持ち込みもできる。外出できる入居者が代表してお酒とつまみを買い出しに行く姿もよく見られるほど、和気藹々とした雰囲気がホーム人気の理由だ。

　自立高齢者と、医療的ケアを必要とする人や認知症の人などが同じ建物内で生活をするため、アクティビティなどにも工夫を凝らしている。ホームではマッチ棒パズルなどの脳トレーニングと体操を毎日行っているが、介護度や認知症の有無に応じたグループ分けをして実施しており、すべての利用者に「優し過ぎず、難し過ぎない」アクティビティを提供している。

　また、アクティビティとしては、元音楽教師を招いての月2回の「うたの時間」もある。発声練習や早口言葉などの口腔機能訓練を重視した内容で「この『うたの時間』を始めてから、代謝が良くなったのか、風邪をひく人がめっきりと減りました」とホーム長はその充実ぶりを語った。

介護付き有料老人ホーム ★★★

エイジフリー・ライフ大和田

大阪府門真市常称寺町 10-1　運営会社：パナソニック エイジフリー株式会社

医療・ターミナルケアに強み
看取りは２００件を超える実績

１９９８年の開設という長い歴史をもつのが、パナソニックエイジフリー株式会社が運営する介護付き有料老人ホーム『エイジフリー・ライフ大和田』だ。

「現在、働いているスタッフ70人のうち半数以上が10年以上のキャリアをもっています。ホーム自体の長い歴史とスタッフのキャリアによる経験・知識・ノウハウの蓄積により、看取りやほかのホームでは受け入れが難しいケースの対応実績などの面で、他ホームには負けないという自信をもっています」と山﨑 誠施設長。開設以来の累計看取り数は２００人以上。今は年間平均で20件ぐらい退去があるが、そのうち17～18人がホームの中で最期を迎えている。ほとんどが家族からの「一緒に過ごしてきたホームの仲間に看取ってほしい」という希望によるものだ。

「開設以来、ご入居者のご様子を記した月次報告書の送付など小まめな連絡を行って、家族と信頼関係を構築してきた成果だと思います」と施設長。

月額利用料プランで入居した場合の費用は約56万円。このクラスの高齢者住宅のなかでは比較的大阪の中心部から近いところもあり、大阪市内の大病院からの受け入れ依頼も多い。

ホームの歴史が長いこともあり、要介護４と５の入居者だけで全体の４割を占めているが、寝たきりやそれに近い人でも、寝かせきりにしないというホームの方針のもと、できる限り食事やアクティビティの場に出てもらっている。「もちろん参加はできませんが、みんなが楽しそうに過ごしている場所は当人にも刺激になります。普段はほとんどベッドでお過ごしになっている方でも、音楽アクティビティの場では耳を傾けているような仕草を見せることもあります」とも。

ハード面では、２０１４年にそれまで何もなかった屋上を「リハビリ庭園」としてリニューアルした。床材を万一転んでも安全なやわらかいものにしたほか、もともと屋上に祀られていた観音像までの距離を「ここから70メートル」など表示し、入居者が自発的に散歩したくなるような環境を整えている。ここの散歩をケアプランに組み込んでいる入居者もいるそう。

また、４階にリハビリテーションルームとカフェコーナーを組み合わせた「リハ＋カフェ」があり、自転車こぎマシンやデジタルミラーなどのトレーニング機器が設置されている。こうした機械のリハビリテーションと、屋上庭園の散歩など、生活リハビリをうまく組み合わせている。ちなみに、リハビリ室にカフェを併設したのは「リハビリに行きましょう」という声掛けだと拒否があるが、「一緒にカフェに行きましょう」だと喜んで参加するから。入居者の心身の向上に誠意をもって努めている施設だ。

介護付き有料老人ホーム

サンセール香里園

★★★

運営会社：パナソニック エイジフリー株式会社

大阪府寝屋川市香里西之町22-7

レク専門スタッフの配置で、質の高いアクティビティを提供

建物に入ると、まず正面に飛び込んでくる大きな滝に驚かされる。

『この滝が気に入って、当ホームに入居を決めた』という方が何人もいらっしゃいます」と西川英高施設長。

２０１４年にオープンした『サンセール香里園』は、パナソニックの社員寮だった建物をコンバージョンした定員１０５人の大型介護付き有料老人ホームだ。共用部を広く取っていた建物だったので、入口の滝を含めた共用スペースの充実ぶりがほかの高齢者住宅との差別化ポイントの１つ。例えば、歯科治療を行うための専用個室は、一般的には理美容室と歯科治療室を兼ねて使用されるホームが多いが、同ホームにおいては、それぞれ専用個室を設けている。共用スペースを充実させることで、入居者が快適に生活できるよう設計されている。また、屋外の共用スペースには、果樹園、農園があり、それぞれ柿やキウイ、大根やサツマイモなどを栽培している。4階の農園ではボランティアのサポートを受けながら利用者も畑仕事に精を出している。収穫した果物や野菜はホームの食卓に並び、果樹園の果物は入居者が自由に収穫して自室に持ち帰っても良い。それだけ、建物の屋上全体が「癒しの庭」として入居者の憩いの場となっているということだ。「色と香りを楽しむゾーン」にはハーブ類が、「味と手触りを楽しむゾーン」にはブルーベリーなどのフルーツ類が植えられており、五感全体で自然の豊かさを感じることもできる。

ホーム名に「サンセール」という名称が付いているように、採光性に優れた設計は、太陽の光がふんだんに差し込むので、認知症の方でも1日の生活リズムが整いやすくなり、草木の変化で季節の移ろいを自然に感じることができる。「建物内にいても刺激を受けることが多い環境を提供できているのではないかと思います」と施設長。

さらに、ホームの特長として挙げられるのがアクティビティの充実だ。介助の現場などには入らずに、イベントの企画・実行などを専門で担当するスタッフを1人おいている。

介護スタッフのなかから適性や本人の希望を踏まえたうえで選出される。現在は入社2年目の女性スタッフが担当している。彼女が担当になってから、「ケーキバイキング」「ホーム内運動会」「外部講師を招いての陶芸教室」「少人数のグループに分かれての散歩（散歩隊）」などが新たなイベントとして企画・実行された。これにより、介護スタッフは日々のアクティビティの外部とのやり取りや、運営については担当者に任せることができるため、入居者のケアに専念できるとのこと。入居者に寄り添う時間が増えてケアの質も上がり、アクティビティの質も上がる好循環を生み出している。

介護付き有料老人ホーム　★★★

グッドタイム リビング 大阪ベイ

大阪府大阪市港区弁天1-3-3　運営会社：グッドタイムリビング株式会社

クラブ担当スタッフが企画する多彩なアクティビティを毎日実施

大阪市の西の交通の要衝であるＪＲ・地下鉄弁天町駅に直結し、雨の日でも傘が不要という抜群のアクセス。また、冬には庭園でクリスマスイルミネーションを実施するなど、レストランから四季折々の風景を楽しめるのが『グッドタイム リビング 大阪ベイ』の魅力。

開設は２００６年。93室・定員１０１人の介護付き有料老人ホームで、入居者の平均年齢は88歳、平均要介護度は3だが、自立でも入居できるため、ここから仕事に通う方もいる。

同ホームに限らず、グッドタイムリビング株式会社全社で徹底しているのは、入居者を「ゲスト」、ホームを「ゲストハウス」と呼ぶこと。『お客さま』という呼び方はホテルやレストランなど『一時的な関係』を思わせます。私たちは、その方が亡くなるまで何年間も日常的に関わります。そのため『ゲスト』が最もふさわしいと考えています」と岡本 智ジェネラルマネージャーは話す。そのゲストを楽しませ、文字通りの「グッドタイム」を実感させる取り組みが数多く行われている。

ゲストハウス内には、サービススタッフと呼ばれる事務やアクティビティを担当するスタッフがおり、新しいプログラムの開発や実施に際しての各種折衝・手続きを担当しているので、質の高いアクティビティが実現できる。

２０２０年は新型コロナウイルス感染拡大で外出するアクティビティが行えなかったため、ゲストはバーチャル・リアリティ（ＶＲ）で、ダイビングと花火大会を疑似体験した。「皆さん、初めての体験に驚き、感動していました。コロナ禍での生活も2年目に入りましたので、今年は桜や紅葉など四季折々の風景をVRで楽しんでもらいたいと思います」とサービスリーダーの中島慎二氏（アクティビティを担当）。

また、月に2回『なだ万』など一流店の弁当を取り寄せて楽しむ食事会（別途費用が必要）は大阪ベイが初めて実施したアクティビティで、今では同社のほかのゲストハウスにも広がっている。

食事は、業務委託をしている給食会社のスタッフが館内の厨房で調理する。メニューは、1カ月前に30日分をまとめて管理栄養士から提出してもらい、ゲストハウスが「同じようなメニューが短い期間のなかで提供されていないか」「副菜は主菜にあったものか」「料理名は横文字など高齢者には分かりにくい表記になっていないか」などを細かくチェックしている。朝・昼・晩ともに2種類から選択が可能で、月に数回は、それ以外に別のメニューが加わり、3種類からの選択が可能。さらに週1回は「イタリアン」「中華」などのフェアを実施している。そうした食事を屋上庭園に面した展望レストランで楽しむことができるのも、ゲストからの評価の高いポイントの1つになっている。

住宅型有料老人ホーム

★★★

チャームスイート仁川

兵庫県西宮市仁川町 4-2-30

運営会社：
株式会社チャーム・ケア・コーポレーション

女性目線のアクティビティの充実
人気ペット飼育可能な部屋も

「コンシェルジュの配置などがないため、上位シリーズ『プレミア』にはなりませんでしたが、建物のグレードやサービス面など多くの部分において、限りなくプレミアに近い自慢のホームです。関西を代表する当社のホームとしてメディアに登場する機会も多いです」と株式会社チャーム・ケア・コーポレーションの日野謙二営業部長。

２０１７年に開設した住宅型有料老人ホーム『チャームスイート仁川』の居室数は93と多い。

まず、来館者の目を引くのはコの字型の建物に囲まれた大きな庭。広さは同社が運営するホームのなかでは最大で、紅葉など四季折々の風景が楽しめるのは訴求ポイントだ。手入れは園芸の学校を卒業した介護スタッフがほぼ毎日行っており、常に美しい状態が保たれている。

時には入居者がその手伝いをすることもあり、庭で栽培された花は、ホームのフラワーアレンジメントのアクティビティで使用されることも。各所にある生花のしつらいは、華やかな雰囲気を醸し出している。

こちらの施設はペットの飼育も可能で現在2室を用意している。これは同社運営ホームのなかでも唯一の取り組みとなっており、ペット飼育対応の部屋は、建物内の共用廊下を通らずに庭、そして建物外へ出ることが可能。動物が苦手な入居者に不快な思いをさせずに散歩に連れて行けるよう工夫されている。加えて、部屋の外にはペット用の足洗い場も設置されている。ただし「角部屋で広く、ペットを飼わない入居希望者にも人気の部屋なので、すぐに埋まってしまい、開設以来ペットを飼った入居者はいない」ということだ。

サービス面ではアクティビティの充実が光る。こちらの施設では1日に2つ、多い時は3つのアクティビティを実施している。体操など身体を動かすものは毎日必ず実施し、それ以外は学びや芸術などのカルチャー系というのが基本メニューで、外部のプロやセミプロなどによる質の高いプログラムを実施している。

多くの有料老人ホームは入居者の女性が占める割合が高いため、アクティビティなどのサービスは、女性に喜んでもらえるものが中心になっていることが多い。特に、こちらのホームでは、立ち上げの責任者が女性であったこともあり、アクティビティも、ヨガ、アロマ、ネイルケア、有名店のお取り寄せスイーツなど、女性を意識したものが多い。

スタッフの接遇マナーや身だしなみ、館内の清掃・整理整頓が徹底されているのも自慢のポイント。これについては、関西エリア唯一の「プレミア」シリーズの有料老人ホーム『チャームプレミア御影』で勤務するコンシェルジュが定期的に訪問し、研修や指導を行っていることが奏功している。

介護付き有料老人ホーム ★★★

フォレスト垂水 壱番館

兵庫県神戸市垂水区旭が丘 1-9-60　運営会社：ファインフォレスト 株式会社

「持ち上げない介護の実践」で、職員教育研修最優秀賞受賞

重厚な扉を開けると、そこは2階まで吹き抜けとなった広いロビー。グランドピアノと大きな絵画に一組の応接セット、加えてスーツ姿の受付スタッフという空間は、さながら美術館や高級ホテルを彷彿とさせる。一般の高齢者住宅のように介護スタッフの姿や入居者が食事やレクリエーションをしている姿は見えない。「静かな、落ち着いた空間でお客さまをお迎えしよう」という心遣いが伝わる。新型コロナウイルスの感染が広がる前までは、このロビーでコンサートやお茶会などイベントが開催されていたという自慢のスペースだ。

同ホームは、２００５年開設の１０６室の介護付き有料老人ホーム。２０１２年には向かいに39室の住宅型有料老人ホーム『弐番館』がオープンしている。弐番館は自立の人が主な対象で、介護が必要になった場合には壱番館への移り住みができる。

ホームの敷地内に遊散歩公園が設えられ、関連会社が運営する訪問介護、訪問看護、デイサービスが利用できる。さらに、壱番館内には在宅療養支援診療所がテナントとして入っており、訪問診療が受けられる。要介護者を対象とした壱番館は1・5対1という手厚い人員配置。看護師が日中、夜間を問わず常駐しているので、胃ろうや透析、カテーテルなどの医療的な対応が必要な人の受け入れが可能。

「介護スタッフ、看護師、医師の連携が日常的に行いやすい環境なので、終末期にも十分な対応が可能。開設当初から、ホーム内で責任をもって看取らせていただくことを基本にしています」と森島征司社長は語る。

また、理学療法士が2人常駐しているので、集団リハビリテーション、入居者一人ひとりに応じた個別リハビリテーションが充実しているのも特長だ。リハビリテーション病院や訪問・通所リハビリテーションの併設が理由で入居される方も多い。ケアの特長としては、介護スタッフが入居者を抱えて持ち上げない「持ち上げない介護」を実践している。移乗介助時に抱え上げることはスタッフの腰痛の原因になるだけでなく、転倒事故の危険性もあり、入居者自身も身体に痛みを感じる可能性もあるからだ。それを避けるために、入居者の身体状況などに応じて移動式リフトの機器・福祉用具を使っている。

この持ち上げない介護の実践や、それに向けてスタッフが「機器・用具を正しく利用できる」など、習熟度に合わせてユニフォームの袖に星を付けていく取り組みは、２０１６年の『リビング・オブ・ザ・イヤー』の「職員教育研修部門　最優秀賞」を受賞している。これは高齢者住宅を運営する事業者による団体、高齢者住宅経営者連絡協議会が主催する、優れた高齢者住宅を選出・表彰するコンテストだ。このような実績が施設のレベルアップにつながっている。

介護付き有料老人ホーム ★★

レリーサポプラ

大阪府池田市東山町546　運営会社：株式会社ポプラコーポレーション

アクティビティが盛んで豊かなライフスタイルを期待

レリーサはイタリア語で「笑顔」。入居者さまにいつまでも笑顔で過ごしていただきたい、という想いで『レリーサポプラ』と名付けられている。

エントランスからロビーにかけては、日当たりの良い大きめなサッシによる温かい空間が広がる。ピアノや高級家具が配置され、贅沢な雰囲気が醸成され、明るい印象だ。

こちらの施設は、「終の棲家を少し贅沢に、趣味を楽しみながら暮らしていきたい」といった方にたいへん好評を得ており、その方らしい人生を謳歌できるようにと、「自己選択」「自己決定」を尊重した生活空間を提供している。

「ご家族がお越しいただいた時、親御さんが良好な環境のなかで暮らしている姿を期待されているはずです。ですから、親御さんが充実された生活をされているのをご覧になると、ご家族はみんな安心されます」と営業担当の百田氏は語る。

その方らしさを尊重する精神は、アクティビティにも表れており、カルチャークラブ「ベルデクラブ」では、クラフトビーズ、苔玉つくり、焼き物、写経、音楽セラピー、フラダンス、フラワーアレンジメントなど、多くのメニューから自分で選択できるような仕組みだ。時には野外でバーベキューなどをして楽しむこともできる。

入居者へ変化に富んだ日常を提供しようという施設側の計らいが感じられる。

特に、活動的な方であれば、ゆったり広めの共用施設でアクティビティがイメージでき、豊かなライフスタイルを期待できるだろう。

もう1つの施設の訴求ポイントに食事が挙げられる。同社が運営する一般的なサ高住は5万円／月程度の食費設定だが、同ホームは7万円弱／月程度。力の入れようが利用料に表れている。

同施設は比較的元気な方を対象としているが、看取り能力が高いのも特長。館内にある同系列法人が運営するクリニックと訪問看護ステーションが協力し、看取り能力を高めているからだ。

また、同系列の特養にも隣接しているため、経済的な面で困った場合でも特養に住み替えができるようにとの配慮もある。

スタッフについても百田氏は言及する。「同施設の法人全体の人事制度の効果か、離職率も低く、教育も施されているので、充実して介護に当たっています。ここを選んで良かったと思っていただけるように、医療や食事などのサポート体制が整ったなかで、これまでの暮らしをそのままに、皆さまが思い描くセカンドライフをご一緒に実現させていただきます」

サービス付き高齢者向け住宅 ★★

スーパー・コート プレミアム池田

大阪府池田市井口堂 3-1-9　運営会社：株式会社スーパー・コート

「相談事はコンシェルジュへ」が徹底され満足度が高いケアを実現

関西一円で数多くの高齢者住宅を運営する株式会社スーパー・コートが新たに立ち上げた上級ブランドが『スーパー・コート プレミアム』である。現在、池田、宇治、奈良・学園前の3棟があるが、『プレミアム池田』はその2棟目として2017年にオープンした58室の有料老人ホームだ。

「プレミアム」が通常のスーパー・コートと違う点はいくつもあるが、最も際立っているのは「コンシェルジュ」の配置。このコンシェルジュが入居者のさまざまな相談事や要望に対応し、必要があれば関係機関や専門家を紹介したり手配したりと細やかに動く。

「まず、相談事はコンシェルジュへ」という意識が入居者の間でも浸透しているため、介護スタッフのところに、本来の業務には関係のない相談などが持ち込まれることがほとんどない。これにより介護スタッフは身体介助などの介護業務に専念でき、結果的に介護サービスの質が向上している。

　このような取り組みができるのは、運営会社のスーパー・コートが全国で「スーパーホテル」を運営しているからこそ。ホテルでのコンシェルジュのノウハウや教育研修制度が活用されている。『プレミアム池田』のコンシェルジュは、介護スタッフからの転籍だが、ホテルコンシェルジュと同じ教育・研修を受けている。

　また、「プレミアム」では食事の時間は決まっておらず、レストランが営業している時間内であれば、入居者はいつでも自由に食事ができる。ここには一般のレストランでいえばホールスタッフに相当するスタッフが配置されている。このスタッフは「サービススタッフ」と呼ばれ、身体介助を除く生活支援サービス全般を担当している。

　加えて、「プレミアム」のレストランでは、米はブランド米、生野菜は国産のものを使用するなど、素材にこだわった質の高い作り立ての食事を提供している。

　同高齢者住宅は自立の高齢者の入居も可能。そのため、アクティビティも自立の人と介護を要する人と分けて実施している。自立の人向けには、参加者から別途費用負担をしてもらう形で、プロの歌手を招いてのコンサートなども行っている。

　また、スーパー・コートといえば、ホテルを運営している会社だけあり、スタッフの接遇マナー・ホスピタリティには極めて定評がある。

「『接遇マナーの良し悪し』というものは第三者でなくては正しく評価できません。自己満足に終わらないように、全スーパー・コートには年に2回、ほかの高齢者住宅の責任者により相互チェックが行われます。以前は、外食店で導入されていた『覆面調査員』も活用していました」と吉原大介施設長は話す。

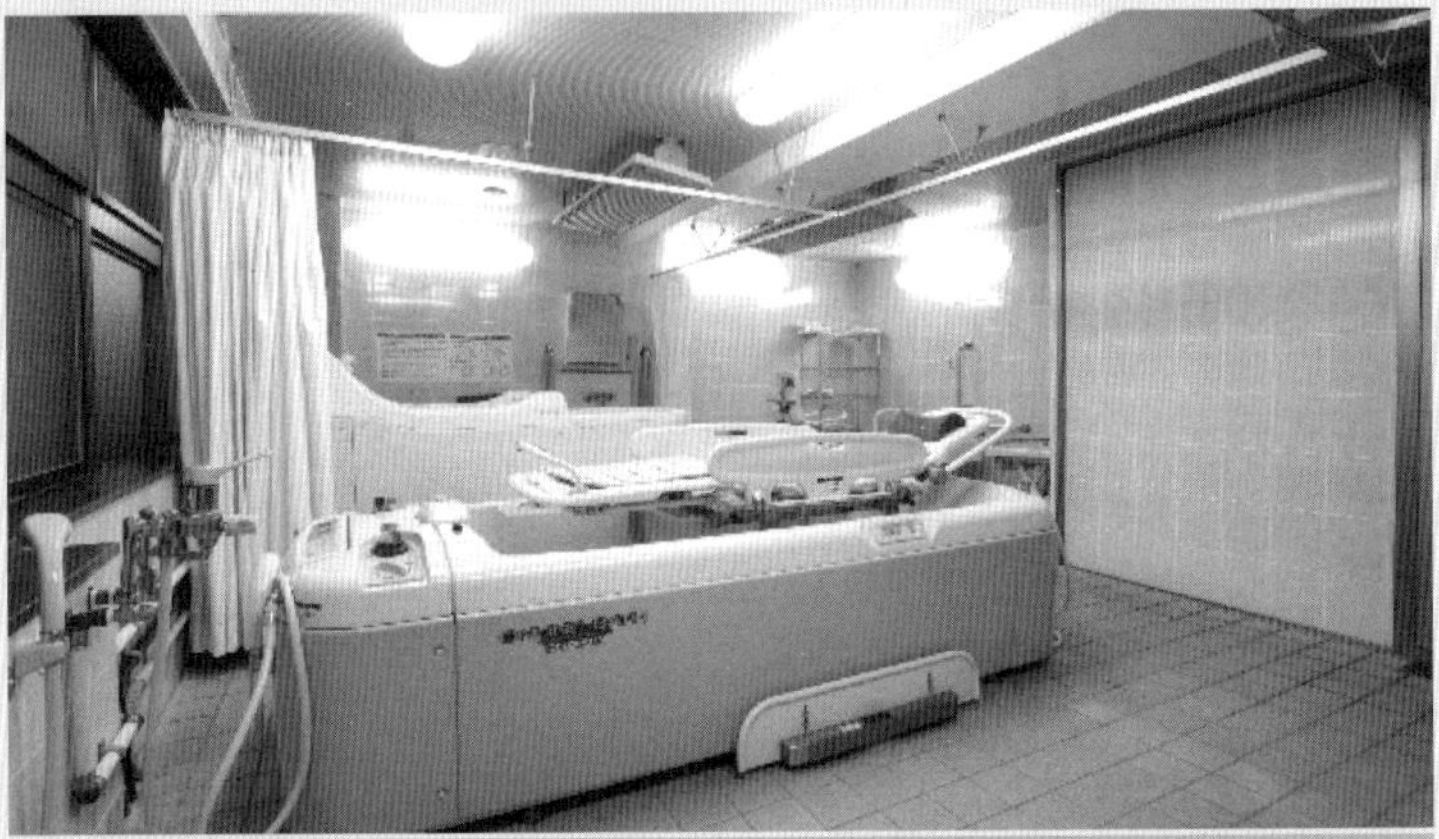

介護付き有料老人ホーム　★★

メルシー緑が丘

大阪府豊中市少路 1-7-21　運営会社：株式会社ビケンテクノ

入居者1・5対1の手厚い介護体制
クリニック併設で安心の医療体制

介護付き有料老人ホームの厚生労働省基準による人員配置基準は3対1以上、つまり介護を必要とする入居者3人に対して1人以上（常勤換算）の看護・介護スタッフが必要とされている。それに対し、ビルメンテナンス事業などを手掛ける株式会社ビケンテクノが運営する介護付き有料老人ホーム『メルシー緑が丘』は、この基準を大きく上回る1・5対1以上（常勤換算）という人員配置を実現している。

「パンフレットなどの表記上では1・5対1となっていますが、実質的な人員配置は1・2対1以上、つまり、さらに手厚い介護が可能となっています」と営業担当者は語る。

人員配置にゆとりがある同ホームでは、介護スタッフと入居者が個別にゆっくり会話をする時間もふんだんにある。新型コロナウイルス感染症の拡大で、入居者は外出や外からの来館者と接する機会が減少したことにより、脳が受ける刺激が減り、認知症の進行が懸念されていた。しかし、介護スタッフとの会話の時間を多くもつことで、リスク軽減が可能になっている。

また、淡々と業務を流してしまいがちな入浴も1人あたり20～30分と長く取られている。もちろん湯加減なども個人の好みに合わせ、調整される。外出に関していえば、利用者と介護スタッフ1対1で外出することも可能だ。密になることが避けられるので、コロナ禍でも利用者は近隣の公園などを積極的に散歩しており、体力や筋力の低下なども見られないそうだ。

同ホームのもう1つの特長が、医療的ケアの充実だ。ビケンテクノグループの医療法人が運営する訪問診療専門クリニックが建物内に併設されているほか、看護師が24時間常駐しているため、医療依存度が高い方の受け入れも可能。現在56名の入居者のうち、経管栄養が必要な方や喀痰吸引が必要な方も入居されている。医療依存度の高い方は同じ階に集中して入居されているので、看護スタッフの目も行き届きやすくなっている。また、機能訓練指導員（理学療法士）が常駐しており、個別のリハビリテーションにも対応している。

アクティビティについては、カラオケやクラフトクラブ、書道などのクラブ活動が行われているが、それ以外でも入居者がそれまで続けてこられた趣味や、入居後に新しく始めた趣味を継続できるように対応している。その趣味をホーム内のグループアクティビティにするために、ほかの入居者に参加を呼び掛けるなどの活動を行う専門のコーディネーターも在籍している。

最近では、伝統的な手芸である「刺し子」が入居者の間でちょっとしたブームになり、みんなで楽しんでいる。

介護付き有料老人ホーム ★★

豊泉家 桃山台

大阪府豊中市上新田3-10-36　運営会社：社会福祉法人福祥福祉会

1日4つのアクティビティで退屈知らずの社交の日々を提供

毎日11時になると、ロビーから入居者の元気な歌声が流れてくる。北摂エリアを中心に『豊泉家』のブランドで、幅広い福祉事業を手掛ける社会福祉法人福祥福祉会が運営する介護付き有料老人ホーム『豊泉家桃山台』の名物「ロビーコンサート」だ。

ピアノやバイオリン、琴など演奏される楽器は日々違うが、共通しているのは「入居者に歌ってもらう」という目的。

「朝から大きな声を出すことは心身の健康につながります」とホームではその効果について語る。このロビーコンサートは新型コロナウイルス感染防止の観点から一時休止していたが、2020年12月より、週に2回のペースで再開した。

同ホームは、入居者の平均要介護度が1~2程度と、軽度で活動的な人が多いこともあり、日々の生活を楽しんでもらうための工夫があちこちに見られる。例えばアクティビティは「ロビーコンサート」も含め、外部の講師などによるものや自社スタッフが企画・運営するものが、それぞれ午前・午後に1回ずつ実施されており、入居者は自由に選択できる。アクティビティのなかには「棒サッカー」など、ほかの高齢者施設ではあまり見られないユニークなものもある。

また、館内には食料品・飲み物・日用品などを扱うギフトショップがある。衣類は一般の洋品店のように季節に応じたものが並ぶので、入居者にとっては覗くことが楽しみになっており、ちょっとした社交の場にもなっている。店にない商品は取り寄せも可能で、かつては「孫のクリスマスプレゼントにぬいぐるみを買いたい」という要望に応えたこともある。

食事については、入居者が自主的に結成した「食委員会」がホームに対してメニュー提案などを行っており、入居者の希望が最大限に反映される仕組みになっている。また、日常的に食事をとるダイニングルームのほかに、館内には、鉄板焼の「桃源郷」、レストラン「マルコポーロ」、カフェ＆バー「レッドエイト」と3つの飲食店が設けられており、入居者は気分を変えたい時や、家族が訪れた時など自由に利用できる。

比較的軽度の人が「まだ自宅での生活が可能だが、将来の安心のために」と入居するケースが多いということもあり、ホーム全体で自立支援に力を入れている。例えば、居室の面積は平均22㎡と広く、すべてキッチンとシャワールームが設けられており、可能な限り自室内で生活を完結できるようにしている。もちろん、入居後に医療的ケアが必要となった場合にも安心して生活できるように、建物にはグループの医療法人が運営するクリニックが併設されている。

介護付き有料老人ホーム　★★

交欒 森ノ宮

大阪府大阪市中央区森ノ宮中央 2-6-16

運営会社：
株式会社ユニマット
リタイアメント・コミュニティ

森ノ宮駅徒歩4分の好立地 ホームから出勤する入居者も

大阪府内で「自立の人も入居できる高級ホーム」というと、郊外に立地していることが多いが、株式会社ユニマット リタイアメント・コミュニティが運営する介護付き有料老人ホーム『交欒（まぜらん）森ノ宮』は、3路線が利用可能なターミナル・森ノ宮駅より徒歩4分、大型ショッピングモール『キューズモール森ノ宮』に隣接するという都市型立地のホームだ。新型コロナウイルス感染症が拡大する前は、キューズモールに買い物に行ったり、道路の向かい側にある大阪城公園を散歩したりする入居者の姿が自然に見られた。ホームから出勤する入居者もいる。

また、ユニークなのは、入居者の3分の1が開業医であるということ。宮島良浩支配人は「医師は職業柄、多くの人の終末期や死の様子を見てきたこともあり、

『自分はどのような最期を迎えたいか』という希望をもっています。入居後に当ホームのターミナルケアや看取りに対する姿勢を見て、『ここは自分の希望を叶えてくれる』と知人の医師を紹介するなどして、次第に医師の入居が増えていきました」と、その理由を語ってくれた。

実際、同ホームは自立の人が入居できる一方で、看護職員が24時間常駐するほか、理学療法士と言語聴覚士が1人ずつ常駐、作業療法士も在籍しているなど手厚い人員体制だ。毎日医療行為を必要とする人以外は受け入れが可能となっている。一例としてＡＬＳ（筋萎縮性側索硬化症）の方が入居されている。

同ホームは、２０１７年開設と歴史が浅く48室とコンパクトだが、２０２０年だけで3人の入居者をホーム内で看取っている。

また、入居者の3分の1が医師ということは、ほかの入居者にとっては「健康や病気に関する相談を気軽に行えるので安心」というメリットにもなっている。実際に、新型コロナが流行する以前は、入居者の医師が講師を務める健康講座などが行われたこともあった。

２０１９年11月に、同ホームは食事提供会社を切り替えた。和食店を経営しており、法要時の仕出し料理提供の実績が豊富な会社だ。素材にこだわり、見た目にも美しい料理はたいへん好評。

「毎朝、朝食時には全員に1杯の『出汁』が提供されます。目覚めに出汁を口にすることで、脳と身体に刺激を与え『食事をとろう』という気持ちにさせることができます。出汁の上品な香りは、当ホームの朝の風物詩となっています」と支配人。

この自慢の食事については、見学時に試食することも可能だ。昼食時間帯以外などの見学で対応が難しい場合には、メニュー表や盛り付けた写真にて説明するそうだ。食事の充実によって「ここに決めます」という声が多いのはうなずける。

介護付き有料老人ホーム

グランダ夙川

★★

兵庫県西宮市雲井町 8-26　運営会社：株式会社ベネッセスタイルケア

高級感のなかにも家庭的な雰囲気
関西の高級住宅地夙川に立地

兵庫県西宮市、阪急夙川駅から徒歩8分の閑静な住宅街のなかに立地する介護付き有料老人ホーム『グランダ夙川』。3階建て全28室と株式会社ベネッセスタイルケアが運営するホームのなかでも小規模なホームだ。

同社のグランダシリーズは居心地の良い上質な住環境で、こだわりの暮らしを提案している。

そのなかでも、グランダ夙川は小規模なため高級感のなかにも家族的な温かい雰囲気を有する理想的なホームだ。このような理由からか、同ホームは満室になっていることが多いという。「たまに空室が出る時もありますので、問い合わせいただければ」と営業部長の斉藤氏。

評価の高い点は職員の接遇の良さと居心地の良さ。接遇の良さは同社全体の理念として職員全体に浸透している教育の成果だ。

建物もゆったりとした空間づくりを意識し、エントランスラウンジには開放感のある吹き抜け、南向きの明るいダイニングルーム、各フロアに配置した広々としたティースペース、緑豊かなテラスなど、共用空間が多いのが特長。それぞれ好きな場所でくつろぎ、入居者どうしの話し声や笑い声が聞こえてくることも。

同ホームの理念は「お一人おひとりのしたい暮らし」の実現。

「1人では難しくても、ほかの入居者との協力やスタッフの少しのお手伝いで、『したい!』を『できる!』に変え、自信や喜びを感じられるよう、いつまでも『ご自分らしく』暮らしを楽しんでいただけるよう努めています」と斉藤氏。

「職員は非常勤を含め30名程度です。施設長、介護職員、看護職員、生活支援相談員、ケアマネジャーといった多職種がいますが、多職種連携も良くできているホームだと思います。また、顔なじみの職員がお手伝いできることが、ご家族にも安心していただけているようです。ご入居者さまとも顔見知りの関係が築け、ご家族さまとの連携も密に行っています」と同氏。働く環境の良さが同ホームの離職率の低さにもつながっている。

同社のホームはアクティビティの推進にも積極的で、特に季節の花を意識したアクティビティが盛ん。3階には「夙川テラス農園」と名付けたスペースを設け、きゅうり、トマト、ナス、ゴーヤなどを入居者と一緒に育てている。

野菜作りは、花を咲かせる時期、収穫時期など、本当に季節を感じられる取り組みだ。そのほかにも昨年の春には桜の足湯、桜絵なども楽しんでいる。室内では書道や絵手紙、刺し子や園芸など、写真撮影会は入居者自らがデジカメで撮影するほど積極的だ。

入居者の趣味に合わせ、「できること・やりたいこと」を大切に、興味のあることを聞きながら、企画、実施されている。要介護になっても自分の楽しみを続けたい。そういう方におすすめのホームだ。

介護付き有料老人ホーム ★★

SOMPOケア ラヴィーレ西宮

兵庫県西宮市上甲子園 5-8-23　運営会社：ＳＯＭＰＯケア株式会社

認知症ケアに力を入れ安心して過ごせるホーム

阪神電車久寿川駅から徒歩11分、阪急電車阪神国道駅から徒歩12分。甲子園北側の静かな住宅街に『ＳＯＭＰＯケア ラヴィーレ西宮』はある。２０１５年オープンの4階建て40室と小規模なホームは、各階にラウンジ、ケアステーションを配置しているフロアケア方式だ。

森川ホーム長は、「認知症の方も安心して過ごせるホームを目指しています」と語る。「介護スタッフ、看護スタッフ、ケアマネだけでなく、クリーン、キッチン、事務スタッフなど、ホームで働くスタッフ全員が認知症への理解を深めるため、ホーム内で開催する認知症サポーター講座に参加。スタッフ全員が認知症に関する知識を得て、認知症の方に安心して過ごせるホームづくりを心掛けています」とのこと。

ホームの特長の1つとして挙げられるのが地域との交流。認知症カフェの実施、地域の中学校との交流、介護保険が利用できる短期利用のメニュー化（1泊2日から1カ月程度までの利用が可能）など、在宅介護を支援するため、地域の介護拠点としての機能を高めている様子がうかがえる。今後、政府の方針で、地域包括ケアがますます推進されていくので、短期利用の取り組みは、一歩先を行く活動となるだろう。

同ホームが特に評価されている点は、「共用施設の充実」「アクティビティ活動の充実」「職員の接遇態度の良さ」「職員の定着率の高さ」「介護福祉士取得率の高さ」だ。

まずは共用施設の充実についてだが、各フロアにラウンジを設置するほか、4階に広々としたダイニング空間も設置。ダイニングから続く屋上のウッドデッキテラス、農園は入居者のアクティビティ活動にも活用されている。シックな質感の内装と合わせ、高級感を感じる空間だ。

アクティビティ活動の充実については、お花見や夏祭りなどの四季のイベント、絵画に書道といった文化活動など、日々の生活にワクワク感をもたらすイベントやレクリエーションなどを実施している。

「職員の接遇態度の良さ」「職員の定着率の高さ」「介護福祉士取得率の高さ」は同ホームだけでなく、同社運営のホームで全体的に評価が高い点である。同社が実施している職員教育のレベルの高さ、働きやすい環境づくりの姿勢がうかがえる。人間的な質や技術レベルの高い職員がいると安心して家族を任せられる。

全国に４００店舗以上の有料老人ホームを運営する業界最大手クラスの同社。今後も業界を引っ張るような新たな取り組みを実施していただけることが期待されている。

介護付き有料老人ホーム

コンシェール阿倍野

大阪府大阪市阿倍野区旭町 1-3-11　運営会社：株式会社リエイ

ゆとり、やすらぎ、おもてなしで上質な住環境とサポートを提供

株式会社リエイが運営する介護付き有料老人ホームのなかで、「コンシェールシリーズ」はシニアのためのハイグレード・サービスレジデンスであり、介護が必要になっても、認知症になっても、安心して快適な暮らしを送れるよう、上質な住環境と、専門スタッフによるさまざまなサポートを提供している。担当の大作氏に話をうかがうと、まずハード面で「平均的な居室サイズは18m^2ですが2m^2ほど大きい造りとなっており、ゆとりあふれる毎日を提供しています」と語る。

介護付き有料老人ホームでは、少しでも大きく、安心で質の高い生活環境を提供したいという気持ちが伝わってくる。

また、館内の清掃には力を入れており、「整理整頓を心掛け、設備や備品は古くなるが施設の掃除担当や生活サポートの方々が徹底的に清掃をしています」と話す。デザインや家具などもこだわっている館内は、日々整理整頓がされており、上質な空間がつくり上げられている。現在、新型コロナ感染症拡大により、館内にいても感染しないかの不安をもたれる方も多くいるが、日々の徹底的な清掃により、安心感を得てもらえるようにしている。

接遇態度の良さも評価されている同施設では、入居者やご家族の方のさまざまな要望にできる限り迅速にお応えし、より満足いただこうとコンシェルジュも常駐。職員の研修に関しても、介護の基本からマナー接遇、コミュニケーションなどをしっかりと学ぶ場が準備されており、介護福祉士の取得率も高く、資格取得サポートも充実している。研修に関しても、コロナ禍ということでオンラインでの研修が実施されており、時代に合った方法で研修が実施されている。働く方々も安心して研修に参加している。

ほかにも、日常生活に必要な運動機能の維持向上のために、常勤で有資格者を配置し、個別プランを作成し、個別機能訓練にも力を入れ、海外でも注目されている「レッドコード」と呼ばれるリハビリ機器を採用している。

現在の悩みは、新型コロナウイルス感染拡大の自粛生活環境がいつまで続くか分からないなかで、入居者が外に出られない、ご家族に会えないなどのストレスをどうやって軽減していくか。対策として、オンラインでのレクリエーションや、ご家族さまとのオンライン通話などに順次対応していくとのこと。

阿倍野・天王寺の明るく開けた環境で、周辺には百貨店やあべのハルカスなどがあり、買い物に便利な立地。人にしかできない温かな「快護」を入居されるすべての方に提供している。

介護付き有料老人ホーム　★★★

グリーンライフ守口

大阪府守口市佐太中町 6-17-34　運営会社：グリーンライフ株式会社

個別リハビリ強化で入居者の歩行機能維持・改善に努める

「２０２０年４月から、『転倒事故ゼロ』を目指し、入居者、スタッフ一丸となって取り組んでいます」。こう語るのはシップヘルスケアホールディングス傘下のグリーンライフ株式会社が運営する介護付き有料老人ホーム『グリーンライフ守口』の関 優華施設長。

２０１６年に、もともと居室だったスペースを機能訓練室に改修してパワーリハビリテーション機器４台を導入し「リハビリ重視施設」として生まれ変わった。現在は常駐・非常駐合わせて４人の理学療法士が利用者の身体の状況などに応じた個別リハビリを提供している。しかし、それでも館内での転倒事故が見られたことから、これをなくすことをホームの目標として掲げた。

歩行機能維持の柱となるのが「ラジオ体操」である。全身の筋肉をくまなく使うラジオ体操は、高齢者の身体のコンディション向上に非常に高い効果があるといわれている。

ホームでは以前より入居者とスタッフにラジオ体操を推奨してきたのだが、4月からは毎朝9時に館内放送でラジオ体操の参加を呼び掛けるアナウンスを流すようにした。スタッフは全員業務の手を止めて参加、入居者で可能な人は自室内や食堂などに集まって参加する。「個々の身体の状況もあり、入居者については全員参加という状況になってはいませんが、参加している入居者については、２０２０年は転倒事故が発生していません」という。ホームでは、このラジオ体操を含めた日々の活動の様子をホームページ上で1日7～8件のペースで発信している。それを見た人から「この新型コロナ禍のなか、ここまで入居者が活動的なホームはすばらしい」と反応があり、ほかホームからの転居が3件あった。

また、関施設長がもともと訪問看護師であったということもあり、「ホームを『町の保健室』にしたい」という想いから、地域への開放を積極的に行ってきた。今は新型コロナ感染拡大で中止しているが、ロビーでは月に1回認知症カフェを、週1回体操教室を地元住民に向けて実施している。

ハード面では、最上階の9階に設けられた展望浴室や広い中庭が自慢で、入居者の憩いの場となっている。中庭では、入居者が自主的に野菜を栽培するなどのアクティビティがある。

また、全１５９室のうち34室が２人部屋というのも大きな特長だ。一般的なホームでは、２人部屋は数室程度のことが多く、夫婦はホームでは少数派となってしまうことが居心地の悪さにつながるという懸念もあった。

同施設では、7階・8階を２人部屋専用のフロアとしており、夫婦ぐるみの交流も活発に行われている。また、兄弟姉妹で入居するケースもあるそうだ。

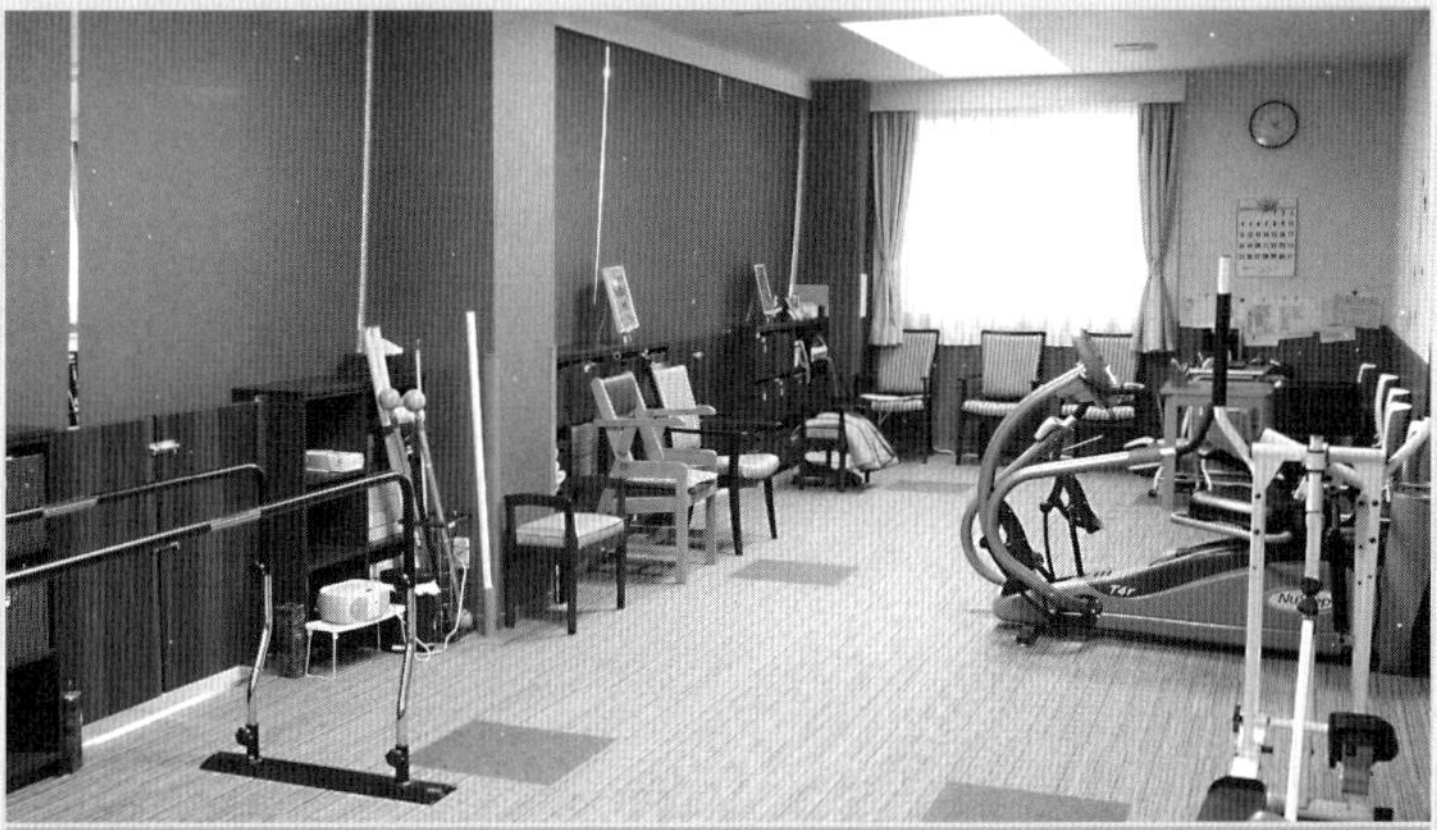

サービス付き高齢者向け住宅

★★★

シニアスタイル武庫之荘

兵庫県尼崎市水堂町 1-34-4　運営会社：株式会社シニアスタイル

長く元気に暮らすことを目指して リハビリにこだわり実践

阪急武庫之荘駅から南に徒歩13分。静かな住宅地のなかにサービス付き高齢者向け住宅『シニアスタイル武庫之荘』が立地している。２０１７年４月にオープンと開設後、４年弱しか経っていないが、60室の居室は常に満室だ。人気の秘密について、同社代表取締役の廣瀬秀毅氏が語る。「シニアスタイルの運営するホームは、特にリハビリと看取りにこだわっています。理学療法士、作業療法士が常駐。定期的に訪問する言語聴覚士を加えたリハビリの専門家が、週３回、１回30分の個別リハビリを実施。『楽しんでいただくリハビリ』をモットーに、ＡＤＬの維持、転倒予防や拘縮予防など、長く元気に暮らせることを目指し、サービスの提供をしています」と。さらに、在宅医療の経験の多い医師との連携と、朝8時から20時までの看護職員常駐体制により、経管栄養対応など、在宅医療対応も充実し、日々の健康管理や医療連携はもちろん、「終の棲家」としての安心も提供している。

同ホームでは認知症フロアも用意。認知症の方も安心して生活できる空間づくりを行っている。それらの取り組みにより、入居者の平均介護度は3・1。ほかのホームに見られないほど重度の方も受け入れているが、車椅子の入居者も楽しそうに暮らしている様子が印象的だ。

同施設で評価されているポイントは、前述の「リハビリ力」、「看取り能力」に加え、「職員の接遇態度の良さ」、「職員の定着力」、「介護福祉士取得者率の高さ」、「アクティビティの充実」、「居心地の良さ」だ。入居者が楽しく暮らしていけるために、職員はいつも楽しく業務に取り組めるように職場環境を整えているのだ。

同施設では職員の資格取得支援など福利厚生制度も充実させている。

「40歳以上の社員はすべて人間ドックを受けさせ健康管理も徹底しています。高齢者雇用にも力を入れているので、60代以上の正社員が10％程度おり、ベテラン職員の活躍が評価され、『高齢者雇用開発コンテスト特別賞』も受賞しました。これまであまり職員の不足感を感じたことはありません」と同氏。入居者が楽しく生活され、職員が楽しく業務に取り組めていると、自然に居心地が良くなるというわけだ。

「アクティビティに関しては、それほど特別なことをやっているわけではなく、リハビリが評価されたのでしょう」と同氏、笑顔あふれるホームで、入居者、職員がいきいきしていることから、アクティビティ活動が充実していると評価された。「介護は満足・リハビリは希望・医療は安心」をモットーに笑顔あふれる空間をお届けする株式会社シニアスタイル。今後も同社の動きに注目していきたい。

介護付き有料老人ホーム ★★

ツクイ・サンシャイン大東

大阪府大東市南津の辺町 18-11　運営会社：株式会社ツクイ

ケアサポーターの充実で介護充実と居心地の良さを提供

緑豊かな生駒山麓、大阪府大東市ＪＲ野崎駅から徒歩4分の好立地に介護付き有料老人ホーム『ツクイ・サンシャイン大東』がある。野崎といえば歌手東海林太郎氏の「野崎小唄」、古典落語では「野崎詣り」などで、大阪の方々にはたいへんなじみのある街だ。

同ホームの特長として挙げられるのが職員の離職率の低さと接遇態度の良さだ。同社では、「ケアサポーター」という周辺業務（見守りや清掃、洗濯、配膳など）を担当する非常勤職員を雇用することにより、介護職員はより専門性のある業務、関わりに専念でき、時間外を削減するといった取り組みや、充実した福利厚生施策の導入、資格取得支援制度の導入、社員教育の充実などで介護職員に働きやすい環境づくりを行っている。ケアサポーターは、シニアや主婦以外に学生も採用しており、周辺業務から介護を身近に体験してもらう新しいアルバイト体験を提案している。同ホームでも、この働き方で地元の高校生に「ケアサポーター」として2年間業務に取り組んでもらった。その取り組みを介護付きホーム協会が実施している研修サミット２０２０で発表し、見事に優秀賞を受賞。同ホーム入居相談員の森山氏によると「高校生は今年の4月から正職員として就職することになりました。職場としての介護業界のマイナスなイメージを取り除いていただけたらうれしいです。そして、若い方にも介護を仕事として向き合うきっかけにしてほしい」。

ツクイといえば業界ベスト5に入る大手。こういう取り組みを積極的に行い、介護業界のイメージアップに努めるのはとても意義のある活動だ。

同ホームのもう1つの特長がおいしい食事。調理スタッフを直接雇用し、ホーム内での自家調理にこだわっている。「真空低温調理」という調理法を採用しており、この方法だと栄養素を壊さず食事が提供できる。味付け、食べやすさ、噛みやすいやわらかさに調整するなど、結果として摂取量の増加、安定にも役立っている。「調理スタッフが盛り付けに工夫をするなど、食事を五感で楽しめるよう工夫をしています」と森山氏。入居者にとっては職員との触れ合いや食事は大切な楽しみの1つ。その両方が充実しているのは心強い。

同ホームは機能訓練の充実でも評判。常勤雇用の柔道整復師が中心となり理学療法士、言語聴覚士などの専門職による機能訓練を、施設内に設けた専用のコーナーや生駒山系を見渡せる屋上などで提供している。そのほか、レク委員会によりアクティビティ活動を提供するなど、居心地の良い空間づくりを手掛けている。施設長は困難事例の受け入れにも積極的に対応。その点でも評判の良いホームとなっている。

介護付き有料老人ホーム

チャーム 尼崎東園田

兵庫県尼崎市東園田町 5-61-1

運営会社：
株式会社チャーム・ケア・コーポレーション

「どんな人でも断らない」積極的な受け入れ姿勢が高評価

株式会社チャーム・ケア・コーポレーションが運営する有料老人ホームのなかから、中価格タイプで二ツ星を獲得したのが、介護付き有料老人ホーム『チャーム尼崎東園田』だ。居室数は64と中規模クラス。

審査の過程では「受け入れの積極性」が高い評価を得た。同社の日野謙二営業部長は「会社全体で『お客さまファースト』を掲げ、その実践を徹底していますが、『チャーム 尼崎東園田』については、ホーム長以下スタッフ全員にその理念がよく浸透しているのではないかと思います」と話す。もともと入居待機者が常にいるような人気の高いホームだが、２０１９年の後半に入院や死亡退去などが重なり、一時的に入居率が低下したことがあった。今のホーム長はちょうどその時期に就任し、積極的な受け入れにより入居率を回復させてきたという。その経験が今のホームの姿勢につながっている、と日野部長は評価する。

「『困った人たちを受け入れるのが有料老人ホームの使命』と頭では分かっていても、実際にケアに困難が伴うことが考えられる人の受け入れを行うとなると『スタッフが大変だろうな』という思いがよぎったりするものです。尼崎東園田においては、そうしたホーム側の都合は二の次という意識が徹底しています」とも。

入居者最優先の意識は、アクティビティなどにも表れている。外出レクリエーションの行き先など、入居者の希望を小まめに聞いて、最大限それらを叶えるようにしている。新型コロナウイルスの感染が広がる前は、甲子園球場に阪神タイガースの応援に行き、お祝い事がある日などは、アルコールを提供する夜のイベントなども開催してきた。

もちろん、受け入れに積極的でも、ホームの環境が良くなかったり、居心地が悪かったりしたら高評価にはつながらないので、ホーム内の様子も和気藹々としているのが入居者に受け入れられているようだ。

建物自体は決して広くはないが、中央部には吹き抜けが設けられ、ふんだんに光が差し込む。また、円の4分の1の形をした食堂兼機能訓練室は全面ガラス張りで、その先には入居者が日々の散歩を楽しんでいる姿を見ることができる。実際の面積以上に庭の広さと開放感を感じる造りになっており、非常に明るい雰囲気だ。

同ホームは住宅密集地にありながら、目の前は公園で反対側は中学校があり住宅がないために、圧迫感がない。

阪急電鉄園田駅から徒歩約5分。コンビニまでは徒歩約1分、スーパーまでは徒歩約3分という、自力での外出が可能な入居者であれば非常に生活利便性に優れた立地であることも、人気の理由の1つとなっているようだ。

介護付き有料老人ホーム　★★★

クオレ門真

大阪府門真市南野口町10-8　運営会社：株式会社クオレ

医療ケア・看取り対応も充実で好評を得ている

今回三ツ星を獲得したホームは、どちらかといえば入居費用が高額で、広い共用部をもつなど、豪華なところが多い傾向がある。そうしたなかで株式会社クオレが運営する『クオレ門真』は、入居金ゼロ・月額費用15万円（介護保険自己負担別）という、非常に手頃な価格の介護付き有料老人ホームで、開設は２００４年。

特に施設面で豪華な設備など際立った特長をもたず、かつリーズナブルな価格のこのホームが、今回三ツ星を獲得した理由について、大迫喜美子施設長は「医療対応と、看取りを含めたターミナルケアの姿勢が評価されてのことだと思います」と分析した。同ホームの看護師は、日勤帯のみ常駐で夜間はオンコール体制になるが、施設長は胃ろう、ストーマ、透析、インスリン注射など、医療的な対応が必要な方の受け入れを開設当初から積極的に行ってきた。定員は49人と大型のホームではないが、２０２０年4～12月の10カ月間だけで5人の入居者を看取った。「老人ホームであり看取りは特別なことではなく当然のこと」ととらえ、入居されるすべての本人や家族に対して看取りに関する意思確認を行っている。もちろん、入居後いつでも意思の変更を行うことは可能だ。

　新型コロナウイルス拡大防止の観点から、ほかのホームや病院では、面会や見舞いが厳しく制限されているが、同ホームは、コロナ感染が広がり始めた直後に、リモートで面会できる設備を導入し、『入居者と家族がいつでも会える環境』を整えた。さらに、家族の希望があれば、最期の時間を一緒に過ごせるような工夫もして対応している。11月に行われた看取りのケースでは、スタッフは席を外し時間的制限はあるものの、利用者の奥さまと娘さまだけが居室に入って、密を避けて最期のひと時を一緒に過ごすかたちで対応した。（もちろん、事前に奥さまと娘さまの体調管理を徹底している）

「今はコロナ禍で対応を中止していますが、看取り期にはレンタル寝具を利用して、ご家族が同じ部屋に泊まり込むこともできます。家族室を設けられない小規模なホームならではの対応だと思います」と施設長は話す。

　同ホームの強みは、施設長自身がクオレ門真の開設以来16年このホームに勤務しているなど、スタッフのなかにも開設以来のメンバーが多く、入居者の信頼につながっている。

「笑顔をいちばん大切にする法人理念」と「ご利用者さまに居心地の良い環境を提供する」というホーム運営に関する理念を、メンバー全員が16年間ぶれることなく、経験やノウハウが蓄積され続けてきたこととなる。

介護付き有料老人ホーム

★★★

ぽぷら

大阪府寝屋川市三井が丘 1-13-1　　運営会社：株式会社 ぽぷら

レクは週13回、自社ＰＴによる体操は毎日実施で健康維持を

「『アクティビティの充実』。なによりも、これが評価されての今回の三ツ星獲得ではないでしょうか」。川口貴司施設長は開口一番こう語る。開設は２００５年、居室数84という比較的大型のホームだ。入居金は２１０万円・月額費用は15万円と手頃な価格で入居できることもあり、スタッフも入居者を「○○さま」ではなく「○○さん」と呼ぶなど、家庭的で親しみやすい雰囲気を大切にしている。

アクティビティは日曜日の午前中を除く、毎日午前・午後に1回ずつ行われる。午前中は自社の理学療法士による体操やゲーム、午後は介護スタッフが担当するレクリエーションで、カラオケ機器に搭載された脳トレーニングやゲーム、運動などが行われる。身体を動かす機会を多く設けることで、ＡＤＬの維持・改善を実現している。

新型コロナウイルス感染症が流行するまでは、ボランティアなど外部講師も多数活用し、入居者を飽きさせない工夫をしていた。また、新型コロナ流行前までは毎月1回実施していた「外食・買い物ツアー」が人気のアクティビティだった。利用者から「○○に行きたい」「□□を食べたい」という希望があれば、それに応じてツアーを企画・実施してきた。

日常のアクティビティだけでなく、夏祭りやクリスマスなどのイベントが充実していることもホームの特長だろう。例えば、敬老の日にはスタッフ有志による劇が披露され、楽しく過ごされた。

「多忙な業務の合間を縫ってのイベントの企画や準備、劇の練習、そして当日の成功体験が入居者とスタッフと一体感を生み出し、モチベーションの向上につながります。結果として離職率の低下にもなると実感しています。もちろん、それ以外にもスタッフの誕生日には手当を支給するなど、処遇の改善にも力を入れています」と施設長。

食事へのこだわりもホームの特長の1つ。外部事業者に委託する形だが、ホーム内の厨房で一から手作りし、常に出来立ての食事を楽しむことができる。毎月1回メニュー会議を行っており、入居者の要望に可能な限り対応している。

米や果物（いちご）などの食材はホームに隣接する農園より直接仕入れている。この農園は社会貢献に力を入れており、地域住民などに向け田植えの体験会をはじめとするさまざまなイベントも行って、ともに楽しむこともある。

季節行事やレクリエーションの充実、おいしい食事、敷地内には四季折々の花が咲く。そして医療と看護・介護が連携した看取り体制。アットホームな雰囲気のなか、最後を迎えるその時まで、楽しく安心して過ごすことができる施設を目指している。

住宅型有料老人ホーム

ささゆりの宿り

大阪府箕面市彩都粟生南 2-25-17　　運営会社：株式会社ＭＳＣ

45室でも看護師２人体制
医療対応の手厚さが人気

大阪府北部の丘陵地帯、箕面市と茨木市にまたがって開発された「彩都」は、豊かな自然と多くの学術・研究機関に囲まれた静かで落ち着いたニュータウンとして人気を博している。『ささゆりの宿り』は、その彩都の明るい南向きの斜面に立つ住宅型有料老人ホームで、開設は２０１９年６月と新しい。運営会社の株式会社ＭＳＣでは、このほかに豊中市と神戸市で高齢者住宅を運営している。

ＭＳＣは２０１５年に訪問看護事業所のレセプト代行を目的に設立された企業で、現在は訪問看護事業所の総合的な経営支援を行っている。また、自身で訪問看護事業所も経営している。同ホームも、そうした同社の訪問看護経営の豊富なノウハウを基にした、医療対応の充実が大きな特長となっている。

看護師は24時間常駐。日中は2人常駐している。

「定員45人規模の高齢者住宅で看護師2人体制をとっているところはあまり例がないのではないでしょうか」と同社事業統括部介護担当の小林 亨氏は語る。また、同社内には理学療法士がおり、週に1回ホームを訪問して個別リハビリテーションを行っている。

「病院ではありませんので提供できる医療には限度はありますが」とのことだが、胃ろう、人工透析、痰吸引、在宅酸素、ＡＬＳなどの医療的措置が必要な人や、ＨＩＶ、結核、肝炎などの感染症患者の受け入れも可能。現在の入居者のうち４割弱が持病を抱えており、平均要介護度は３・７と住宅型有料老人ホームとしては高くなっている。

病気で身体的には不自由な状態になっているが、意思疎通などの面では支障がない方が多いため、アクティビティには力を入れている。特にクリスマスなど毎月1回のイベントは、新型コロナウイルスの感染拡大が続くなかでも、感染防止策と看護師による入居者・スタッフの健康チェックを徹底したうえで、休むことなく実施した。もともとスタッフのなかに、こうしたイベントの企画・運営を得意とする人がいたこともあり、すべて自社スタッフだけで対応していたことが、コロナ禍での継続を可能とし、入居者のＱＯＬ向上につながった。

外部事業者への委託ながら、ホーム内の厨房で調理師が調理する食事も自慢の1つ。同社が運営するほかの高齢者住宅では、見学時に試食をした家族がその味を気に入って入居に至ったケースも多い。

高級住宅地として知られる箕面にしては「敷金10万円・月額費用約12万７０００円」という手頃感のある入居費用も、ほかの高齢者住宅との差別化ポイントの1つ。開設以来ほぼ満室が続いており、時には待機者も出る人気のホームだ。

サービス付き高齢者向け住宅

IYASAKA 伊丹

★★

兵庫県伊丹市野間北 1-8-34　運営会社：株式会社ＳＨＩＦＴ

社長自らが焼く「サンマ祭り」など イベントが楽しいホーム

大阪府内を中心に4棟の高齢者住宅を運営する株式会社ＳＨＩＦＴの2番目の高齢者住宅として、２０１６年にオープンしたのが、サービス付き高齢者向け住宅『ＩＹＡＳＡＫＡ伊丹』だ。

建物は大阪の大手ハウスメーカーが手掛けたスタンダードなタイプのもの。月額13万円程度（介護保険、医療費自己負担分を除く）という手頃な価格の物件なため、共用部が特に充実しているわけではない。加えてアクセスも駅から徒歩25分と決して便利とはいえない環境ながら、全30室が満室となり待機者が出ることもある人気物件だ。

その秘密について同ホームの長谷川星氏は「『入居者に日常に感動を与えることのできる施設』という会社の理念がしっかり浸透していることが挙げられるの

ではないでしょうか」と語る。

同ホームが力を入れているのがイベントだ。「サ高住で外部のデイサービスに通う入居者がいたりすることもあり、ホーム全体で日々のアクティビティを行うことが難しい分、月1回のイベントをいかに充実させるかを重視しています」と長谷川氏。例えば、毎年秋にはホーム内で生サンマを焼いて入居者に味わってもらう「サンマ祭り」が行われ、社長自らサンマを振る舞う。また、夏のバーベキュー大会も恒例の人気イベントとなっている。

続けて長谷川氏は語る。「ホームが開設して丸5年が過ぎると、クリスマスなどのイベントもマンネリ化してくることは避けられません。そこでイベントの企画・実施に際しては昨年までの内容にとらわれずゼロベースで新たに考えるようにしています」とのこと。

2020年の年末には、スタッフ全員で寸劇を披露するなど新鮮な楽しみを提供している。

これらイベントに対する考え方からも分かるように、ホームにはスタッフの自由な意思や考え方、ライフスタイルなどを尊重し、それを実現させようという風土がある。

「利用者の安心・安全に支障がない限り、スタッフからの提案や意見などが即座に却下されることはありません。ホームとして、会社として、それらに耳を傾け、実現が可能かどうかを検討しています」と長谷川氏。

ケアの部分では、館内に自社運営の訪問看護事業所が併設されており、胃ろうなど医療的対応が必要な方の受け入れが可能となっているのが特長。病院から自宅に戻らず直接入居するケースも少なくない。

入居者の平均要介護度は3を超えておりサ高住としては高く、年平均で3～4件の看取りも行っている。

サービス付き高齢者向け住宅

シャンテ南吹田

大阪府吹田市南吹田 3-11-14　運営会社：株式会社 スマイルライフ

「ADL改善は利用者の笑顔の元」生活リハビリに注力

「『スマイルライフ』という運営会社のネーミングは1分でも1秒でも入居者が笑顔になる時間をつくり上げていくことをホーム全体で意識していこうという気持ちから付けました。運営する私たちがいくら『ここは皆さんの家です』と言っても、自分が生まれ育った家、住み慣れた家ではなく、入居者はスタッフに気を遣うものですから」と中谷喜則社長は語る。

２０１２年開設・31戸のサービス付き高齢者向け住宅『シャンテ南吹田』もスマイルライフの魅力・特長をよく理解し踏襲している。

「笑顔を生み出す」という方針のなかで同社が特に力を入れているのがリハビリテーションだ。

新型コロナウイルス感染症拡大防止のため、レクリエーション講師など外部の人の出入りは原則禁止とするなかで、理学療法士・作業療法士などによる個別の訪問リハビリについては受け入れた。

「いくらおもしろいレクリエーションをしても、自分の身体のどこかが痛い、動かない、といったような状況では楽しめません。まずは自分の身体の調子が良い状態であることが、笑顔を生み出す最低条件になるのではないでしょうか」と中谷社長。

そして、社長自らが河内音頭の音頭取りであり、時には利用者からのリクエストで自慢の喉を披露することもあるという。

もう1つ力を入れているのは、ホーム全体で「自分でできることは自分でする」「必要以上にスタッフは手を出さない」を原則としている点。歩行が覚束ない入居者が廊下を歩いていても、スタッフは転倒しないように見守るだけで、時間がかかっても入居者目線で歩くことを大切にしている。「○○さん、気ぃ付けや」というフランクながらも温かな心遣いを感じさせるスタッフの言葉がホーム内を常に飛び交っている。

運営会社の株式会社スマイルライフは、２０２１年5月に3棟目のホームを開設するにあたり、２０２０年に「教育部」というスタッフの教育育成を専門に行う部署を立ち上げるなど、「人づくり」に注力している。

「教育部」にはヘルパー学校の教員として15年以上のキャリアをもつ人や、中堅介護事業所でホーム長や人材教育を経験した人を専属スタッフとして配置し、定期的な研修のほか、現在運営する2つのホームのいずれかに常に滞在させ、気づいた点などをその場ですぐに指導できる体制を取っている。

教育部ができてから、これまで以上にスタッフにまとまりが生まれ、生け花教室など新たなアクティビティを企画・実施したり、昨年の介護福祉士国家試験は5人が挑戦して全員が合格したりなど、具体的な成果も出ている。

サービス付き高齢者向け住宅

ロイヤルホーム柴原

大阪府豊中市柴原町 2-6-25　運営会社：有限会社ハートフルケア

食事、リハビリ、認知症対応。サービスの良いホームを目指して

サービス付き高齢者向け住宅『ロイヤルホーム柴原』は、豊中市内でも緑豊かな柴原町に立地する全61室5階建てのホームだ。近隣でもリハビリ、食事、アクティビティなどのサービスが良いと評判のホームである。

ホーム運営に関しては「看護、介護サービスを充実させるのはもちろん、食事、リハビリ、認知症対応に力を入れています」とサービス提供を担当されている有限会社ハートフルケアの三宅圭一社長は話す。

同ホームで評価されている点の1つは、職員の離職率が低いこと。これに関しては「薬局経営の経験から、医療職に比べ低賃金である介護職の賃金の引き上げ、人間関係のトラブル防止のための相談窓口の設置、インカムシステムの導入により、職員全体が入居者のトラブルを共有することで、直接対応する職員の精神的負担の軽減が気持ち良く働いてもらう職場環境となっているのでは」と語る。サービス提供に関しても、認知症対応、アクティビティ、リハビリなどが評価されている。認知症対応に関しては、ユマニチュード（※フランスで導入されている認知症の方の心をつかむケア技法）の導入と全職員への教育の実施、リハビリに関しては、専門職の理学療法士による個別リハ、集団リハの実施のほか、提携医療機関の医師と連携することによるプラスアルファのリハビリサービスの提供をしている。

アクティビティに関しては、日々のレクリエーションに加え、月に1回を「はーとのひ」と名付け、地域の演奏家などに音楽会を開いてもらい音楽療法を導入するなど、「笑顔は連鎖する」という考えのもと、さまざまな取り組みを行っている。

三宅社長がホーム運営で最も力を入れているのは食事だ。「自分が入居するなら食事の良い施設に入りたい」という信念のもと、和食の料理人を雇用し、自家調理している。

「80歳になれば20歳の時より甘味や旨味を感じる力が10分の1に低下します。一般の病院食や施設食では、ご高齢者は味を感じない。ですから味付け、特にすっぱい、辛い、甘い、にがい、塩辛いの5つに関しては、しっかりと味付けをするようにお願いしています」と三宅社長。

「食事をきちんととることで、眠りも深くなりますし、便通も良くなる。そして身体がしっかりすることで高齢者特有のフレイル（※身体機能や認知機能の低下）症状の予防にも役立つ。ここをしっかりすることで、高齢者の生活すべての改善につながる」とも。さすがに医療業界に長年携わってこられた薬剤師さんの言葉だ。この意気込みであれば同社のほか施設も医療・介護が充実した低価格型のホームを確立できるだろう。

介護付き有料老人ホーム

はなまる香里園

大阪府枚方市香里園山ノ手町 23-30　運営会社：有限会社はなまる

温かい心と笑顔をモットーに入居者とともに成長していきたい

平成30年3月1日「ホームライフ洛和会」より「有限会社はなまる」へ法人移行し、新しくグループ施設として加わった『はなまる香里園』は「温かい心と笑顔をいつまでも……」「ありのままの想いを大切に」をモットーに、入居者、利用者、家族に日々、より良いサービスを提供している。

「施設オープニングの時には介護経験のあるスタッフが多く集まってくれ、現在も3割ほどのスタッフは当初のメンバーなので仕事がスムーズに運び、入居者からの信頼も厚い」と、施設長の川井氏は話す。

同施設は、アクティビティの取り組みが入居者より好評を得ているが、具体的にはリハビリになる運動の種類が多く、身体がこわばらないようにとストレッチを取り入れるなど、日々飽きさせないように気を配っている。

レクリエーション専属のスタッフが月に2～3回は節会や季節感のあるイベントを開催したり、映画上映会、歌会なども行っている。

レクリエーションに関しては、「入居者もできる限り我々と同じ楽しみを感じてほしい」と施設長。料理などをするレクリエーションの際は包丁を使用することは危険だからやめるのではなく、どうしたら利用者の方々が安全に料理をすることができるのか、その取り組み方法をさまざま考えて対応していくことを大事にしている。例えば、料理の場合、少人数の入居者で試みることをすれば、1人ずつ目が行き届くので、危険を最小限にして行うことができる。

そのほかにも、入居者とその家族の思いも大切にしている、看取りがその1つだ。近年、看取りのニーズが上がってきており、早い段階から入居者とご家族に看取りの話をするようにしている。そうすることで、家族に対しても、専門家を交えて、気持ちの整理をつけられるからだ。

また、入居者の体力が落ちてきたり持病が悪くなってきたりした時に、医療面での判断や対応基準が増えるが、その部分も看護師などを中心としたほか職種も1つとなり、「チームケア」として関わっていくことを大切にしている。

今後の課題については、スタッフの働き方改革だ。スタッフは満足して働いているが、しっかりと休みを取ってエネルギーをチャージする必要がある。施設全体で協力し合い、スタッフ全員がしっかりと有給や休憩を取ることのできる現場にしていくように努力したい、というのが施設長の考えだ。入居者に温かい気持ちが伝わるよう、スタッフ一同心掛けている。

住宅型有料老人ホーム

フォーユー門真

大阪府門真市三ツ島2-8-15　運営会社：株式会社 日健マネジメント

長く勤めるスタッフが多くアットホームな居心地

大阪府門真市の『フォーユー門真』は、癒される空間づくりを目指した花に囲まれている老人ホームだ。

入居者と家族が安心して日々の生活を過ごせるように、スタッフは誰もが、穏やかでにこやかに、心をこめて入居者のケアに努めている。

「入居されたいというご相談に来られたら、私は基本的にお話は断らないです」と施設長の玉寄氏。入居に対して積極的な姿勢を見せている。

もちろん、暴力的な行動が見られる方や、医療的に対応が難しい方は要相談だが、極力お断りはしないようにされているとのこと。

認知症の方々に対しても、グループホームでの施設長のご経験も活かし、ドクターと報告・連絡・

相談をしっかりと行い、適正な薬の処方をしているようだ。

これらの内容を含め、入居面談の際には、「ご家族としっかりと話し合い、ざっくばらんになんでも話していただき、納得して入居していただいています。とにかく安心していただけるように心掛けています」とのこと。また、看取りに関しても、施設長が常に関わり、しっかりとした体制を取っている。自然な老衰の場合、延命は必要なのかを事前に確認し、家族が後悔しないように、話をして決めていくことを大切にされている。

同施設は、オープン当初から勤務している職員も多く、なにより管理者が長く変わらず勤務し続けているのは良い施設という表れだろう。「指示を出す者が変わってしまうと、現場は混乱してしまうし、管理者が職員の方々一人ひとりを理解しているので長く働いてもらえる」とも。長く働く職員が多いと、利用者や家族も安心できる。

同施設では、職員の介護福祉士所有率が高く、資格を取得し、ご自身のステップアップのために努力される方をしっかりとサポートしている。資格取得に関しては、声掛けは行うが、個人的なことなので資格取得を押し付けないで、協力するスタンスだ。スタッフはとても働きやすい環境だと感想を述べている。

そのようななかでも、現在の課題は今般の新型コロナ感染拡大だ。もちろん、感染者を出さないように努力しており、施設内での考えつく消毒や検温など最大限の対策を行っている。「入居者も頑張っておられ、人生の最後のページなのでここに入って良かったと思えるように、安心していただける環境をつくれたら」と、施設長は、良いサービスを提供したいといった意気込みを語った。

サービス付き高齢者向け住宅

一家団蘭あさひ

大阪府大阪市旭区中宮 4-13-13　運営会社：株式会社 1983

館内通貨を用いた保険外サービスで、入居者の夢を実現

大阪市旭区のサービス付き高齢者向け住宅『一家団蘭あさひ』は、高齢者住宅入居相談会社を経営していた看舎桂太社長が「自分が理想とする高齢者住宅を造ろう」と考え、やはり高齢者住宅入居相談会社を経営していた友人と別法人を立ち上げ、２０１８年12月に開設した。数多くの高齢者住宅の良い点・悪い点を目にしてきた専門家の視点を基に、数多くのユニークなアイデアが導入されている。

代表的なのが「保険外サービスの充実」。入居者はレクリエーションに参加したり、ホームの仕事を手伝ったり、リハビリに取り組んだりすることで「だん」という館内通貨を入手でき、これを使ってさまざまな保険外サービスを受けられる。例えば「３０００だん」でスタッフを1時間マンツーマンで自由に使うことができる。ある入居者は、「だん」を貯めてスタッフに同行してもらい、50年ぶりに映画館に行ったこともある。「この方は、その後数回映画館に行っています。また、映画に行くために、毎日ホーム内をウォーキングするようになりました。1日に歩いた歩数に応じて『だん』がもらえるからです」と看舎社長。

レクリエーションは日曜日以外毎日実施しているが、毎回入居者の7~8割が参加するというのも『だん』が得られるという理由だからだ。

開設2年目からは受けられるサービスのメニューも増え、毎月1回のケアマネジャーとの面談の時に「だん」を使ってコーヒーを奢る入居者もいるそう。「2月からは、『だん』で、毎日の食事にお酒など特別なメニューをプラスできる取り組みも始まりました。入居者や家族からの要望については、可能な限り『だん』を活用した保険外サービスで実現してるので、『これは我儘だろうか』と思わず、どんどん要望を出してほしいと思います」とも。

また、「家長（ホーム長）を入居者・スタッフ全員の選挙で選ぶ」というユニークな取り組みを昨年初めて実施。正社員であれば勤務歴に関係なく、誰でも立候補できる。実際に立候補した3人は、写真入りのポスターを館内に掲示したり、利用者の前で演説会をしたりと、本物の選挙さながらの活動を行った。当初の狙いは「会社側の観点や都合による異動ではなく、本当に入居者などに支持されている人をホーム長にすべき」だったとのこと。

看舎社長は「当落の結果に関係なく、立候補した社員は『自分はどういうホームをつくりたいのか』『そのためには何をするべきか』と考え、日々の言動も大きく変わり、人材育成という面で非常に効果が大きかったと思います」と話す。

このように、ほかのホームにはない独自の取り組みを行っているため、社員の平均年齢は30歳前後と若い。ホーム全体に活気が感じられるのは、この点も大きいといえる。

介護付き有料老人ホーム

ドマーニ神戸

★★★

兵庫県神戸市垂水区本多聞 3-1-37　運営会社：スミリンケアライフ株式会社

1・3対1という手厚さに加え充実の共用部で退屈知らずの毎日

住友林業グループのスミリンケアライフ株式会社は、兵庫県内で自立の人でも入居できる高齢者住宅を４棟運営しているが、そのなかでも最も長い歴史をもつのが神戸市の介護付き有料老人ホーム『ドマーニ神戸』だ。開設は１９９５年。なんと開設以来今日まで入居されている方もいる。

ホームは自立者向けの一般居室１９５室と介護居室58室。元気なうちに一般居室に入居し、介護が必要な状態になったら介護居室へ移り住む、という住まい方をする人が多い。「実質の人員配置は1・3対1という手厚さに加え、看護師が24時間常駐し、夜間でも２人体制を確保しています。クリニックがテナントとして入っているので、ほかの高齢者住宅では生活が困難な方の受け入れでも可能なことが介護居室へのニーズにつながっています」と入居案内担当の久井 亮氏は語る。認知症ケアにも古くから力を入れてきた同施設。介護居室のある壱番館３階の認知症ケア専門フロアでは、「ふるさとプログラム」と称し、昔懐かしい風景の壁画を描いたり、足踏み式ミシンなど昔の道具を展示したりするなど、回想療法に取り組んでいる。

このホームの魅力は元気なうちに入居したからこそ実感できる。実際に、現在の入居者のうち約１１０人が要介護・要支援認定を受けていない。一般居室の広さは約34～約１０４㎡までと幅広く、自分のスタイルに合った暮らしが送れる。スミリンケアライフの運営に代わってから、住宅メーカーである親会社住友林業のノウハウを用いて、随時内装の全面リノベーションを行っている。特に寝室については壁に木質を用いたり、間接照明を導入して、質の高い睡眠の工夫がなされている。一方、共用部には大浴場、ＡＶルーム、マッサージルーム、アトリエ、ビリヤード・ダーツルーム、図書ルームなどがあり、アクティビティや個人の趣味活動などに用いられている。ホームには茶道、俳句、フラダンスなどの同好会・サークルがあり、なかには入居者自身が立ち上げ、運営しているものもある。

アクティビティについては、これまでほぼ毎月実施していたコンサートや、人気の歌声喫茶などは新型コロナウイルスの感染拡大を受け休止したが、衣類や食料品を販売する出張デパートは継続して行っており、入居者の大きな楽しみとなっている。また、趣味で陶芸や絵画、俳句などを嗜む方も多く、文化祭で皆の前で作品を披露できることもやりがいにつながっている。

「コロナ禍で外出を自粛する方も大勢いましたが、館内に多くの楽しみがあるため、特にストレスを感じたり、運動機能が低下したり、などといった様子は見られませんでした」と久井氏は語る。

介護付き有料老人ホーム

アクティブライフ箕面

大阪府箕面市小野原東 6-24-3　　運営会社：株式会社アクティブライフ

業界一の老舗が実践する入居者と職員との心地良い関係

大阪ガス株式会社の１００％子会社である株式会社アクティブライフが運営する介護付き有料老人ホーム『アクティブライフ箕面』は平成3年11月に開設し、今年で開設30周年を迎える。業界では老舗中の老舗だ。同ホームを手本にして、神戸製鋼、関西電力、京阪電鉄など関西の主要企業が有料老人ホーム運営子会社を立ち上げたといっても過言ではない。

同ホームは、元気なうちに入居し、看取りまで過ごせる混合型有料老人ホーム。特長としては、要介護状態になっても同一部屋で看取りまで過ごせること。普通、混合型有料老人ホームは元気なうちは広い部屋で過ごし、要介護3程度になれば介護居室に住み替えなければならないが、同ホームは生涯同一居室で過ごせる。

また、敷地内に診療所を開設し、医師も当直体制を取り、看護師も24時間常駐しているので夜間急変時の医療的対応が可能なのも安心だ。

同ホームが最も評価されているのは、職員の接遇態度と居心地の良さだ。武政英次施設長によると、本社や現場でのＯＪＴなどの教育の賜だそう。離職率の低さも魅力。「職員が定着すると、人件費が上がってしまうんですよね（笑）」と同氏。人手不足の業界にあってはうれしい悩みだ。

運営側と入居者側がざっくばらんに意見交換ができるのも、恒常的に入居者との懇談会の実施や、運営上の悩みを施設長がその場で相談したり、年に一度のアンケートで入居者が職員の接遇態度を評価したりとさまざまな工夫がなされているから。「うちの職員は入居者に育てられているんです」と武政氏はうれしそうに話す。職員と入居者の関係が良いと、自然とホームの居心地は良くなるもの。大きなエントランスロビーでは常に職員と入居者のざっくばらんな会話が響き、心地良い騒がしさが同ホームの居心地の良さを証明している。

武政氏にホームの課題をうかがうと、「イベントの参加率を上げたり、食事の工夫、設備の老朽化対策など課題は山積していますが、コロナ禍では、居室内でいかに入居者に楽しい生活を送ってもらうようにするかが直面している課題」とのこと。

居室へのＷｉ－Ｆｉ設備の導入、ＣＡＴＶの導入など、居室の中で楽しんでいただくための工事を実施している。「これまでは、いかに部屋から出ていただくかでしたが、現在は、いかに部屋で楽しんでいただくか。１８０度転換してしまいました」とも。

時代の移り変わりのなかで入居者の満足度を上げるために何に取り組めば良いか。同ホームではそこを真剣に考えている。「老舗といっても、学ぶべきものは学ばないとダメ。他社施設にも積極的に見学に行き、良い点は導入していきたい」と施設運営への熱意を語る施設長だ。

介護付き有料老人ホーム

トラストガーデン宝塚

★★

兵庫県宝塚市花屋敷つつじガ丘 4-11　　運営会社：トラストガーデン株式会社

「セカンドハウスプラン」など柔軟な住まい方が可能

兵庫県宝塚市の雲雀丘花屋敷といえば、瀟洒な住宅が立ち並ぶ閑静な雰囲気で、関西の人たちにとっても憧れの住宅地だ。『トラストガーデン宝塚』は、その花屋敷の高台に建つ高級介護付き有料老人ホーム。居室の窓からは遠くあべのハルカスまで見渡せるというすばらしいロケーションが自慢だ。開設は１９９３年。居室数は89、定員は１１２。現在入居している人の半数は自立で、自分で車を運転して外出するなど自由な生活を楽しんでいる。もちろん、要介護でも入居は可能。パンフレットなどでは要介護2までと謳っているが、本人の状況を面談などで確認して、柔軟に対応している。

まず料金プランの柔軟性がポイント。入居一時金の額は一歳刻みで設定されている。例えば入居時76歳では入居一時金は４０００万円弱～６０００万円弱だが、90歳では２０００万円強～３０００万円強と半額程度になる。このため自立の人が入居可能なホームとしては珍しく、近年では90歳代で入居する人も増えている。また、入居一時金は通常と同額ながら月額費用をぐっと低額にした「セカンドハウスプラン」もある。もともとは「実際の入居はもう少し先にしたい」と考える人が、今のうちに希望する部屋をおさえておくためのプランだったが、今では「平日は自宅から仕事に行っているが、家事代行サービスが休みになる週末だけホームで生活する」という文字通りのセカンドハウスとして活用する方もいる。かつては軽井沢の別荘とホームを行ったり来たりの生活をしていた人もいたそうだ。

アクティビティの部分では、スポーツクラブ大手のセントラルスポーツとオリジナル介護予防体操を共同開発している。週に2回、同社のインストラクターがホームを訪れてグループごとに体操を行っており、自立の入居者は週４４００円、要介護・要支援の入居者は無料で参加できる。またこれ以外にも、同社インストラクターによる週に1回無料の健康体操を実施している。これらは新型コロナウイルスの感染拡大により休止していたが、昨年秋より感染予防対策を徹底したうえで再開した。

会員制リゾートホテル「エクシブ」を手掛けるリゾートトラストのグループ会社であるトラストガーデンは、スタッフの接遇も高い評価を受けている。同グループにはメディカル事業もあり、メディカルとホテルレストランのネットワーク、ノウハウを活かしたシニアライフを提供している。ホテルで培ったホスピタリティ、接遇・マナーを介護スタッフの教育研修にも活用している。ただし、ホームはホテルではないので、親しみやすさなどを感じさせる言葉遣いや立ち振る舞いをバランス良く取り入れるそうだ。

おわりに

最後までお読みいただきありがとうございます。

本書の制作に取りかかっている最中も、今般の新型コロナ感染拡大の影響はすさまじく、その規模と先行きの不透明さは予見できるものではありませんでした。そのようななかでも、施設の皆さまのご協力があって本書が完成できましたことを、まず御礼申し上げます。

私事になり恐縮ですが、本書編集責任の荒牧誠也と申します。

私は１９６４年生まれの56歳になります。実父は令和の声を聞かず84歳で他界、義理の父親は77歳で他界しました。２人に介護は必要ありませんでした。実母は87歳になりますが元気に実家で一人暮らし。義理の母親がほぼ寝たきりで特養に入居しています。

義理の母親の介護は夫婦２人で行っていましたが、家内が一人娘を育てることと、親の介護で精神的にも肉体的にも限界が来、数年前に慌てて特別養護老人ホームに入居してもらいました。認知症もあり、本人はなんのことだか分からなかったでしょう。さしたる抵抗もなく特別養護老人ホームに入居してくれました。

現在は要介護５でほぼ寝たきりの生活を送っています。今後、どんなことで実母が要介護状態になるか分かりませんが、できるだけ元気で長生きしてくれることを願っています。

振り返ること１９６０年代。この頃の特殊出生率は２・00人台、１人の女性が２人の子どもを産んできたことになります。その後、第二次ベビーブームで少し特殊出生率が上がりましたが、１９７０年代の後半から２人を切り、２０２０年は１・36人となっています。

一方、我が国の高齢化は進展し、要介護高齢者も２０１９年3月時点で６５８万人。介護保険の第１号被保険者（65歳以上高齢者）が３５２５万人ですから、実に65歳以上高齢者のうち18・６％、５人に１人が要介護高齢者となっています。生命保険文化センターの調査では、80歳以上の高齢者の要介護率は27％、85歳以上の高齢者になりますと59・３％になります。私の実母は87歳ですからよく頑張ってくれているほうです。

先程の特殊出生率の話と合わせますと、50歳代のご家庭では、親が80歳代でしょうから、要介護率から考えると、夫婦２人で１人の親の介護に必ず携わらないといけないことになります。兄弟姉妹が仕事の都合で遠く離れて暮らしていると、人によっては夫婦２人で２人の介護に携わらないといけないことにもなりかねないのが現状。皆さんはいかがでしょうか？　自身の肉親を考えてみてください。介護に携わらないといけないと考えられる人は何人いらっしゃいますでしょうか？

「肉親の介護に携わらないといけないが、時間的にも経済的にも成り立たない」そのような方も大勢いらっしゃることと思われます。そのような時に頼りになるのが、「介護施設」。要介護になった方を入所させて、介護を提供していただけるありがたい施設です。「介護施設」と呼ばれるものも多種多様あり、ほどんどの方がご存じないので今回はそちらも明らかにしました。

　現在、要介護高齢者が６５８万人なので、介護施設の整備率は約30％弱。３人に１人は入所可能なところまで整備されてきました。これまでは介護施設入所は数的になかなか難しいといわれていましたが、手に届くところまで整備はされてきています。

　よく知られている特養は、公的施設で利用料金が低価格（入居対象者の年収により細分化されますが、おおむね８万円／月～13万円／月※住民税課税世帯）のため、待機者が多く（２０１９年度で待機者数29・2万人と報道されました）順番待ちでなかなか入所できないというイメージがあるため、急な入院などでお急ぎの方は有料老人ホームへの入居検討を行われます。ただ介護施設にはさまざまな役割があるため、どの施設が入居対象者に適切かはご存じない方がほとんどではないでしょうか？

本書では最初にこれら介護施設の違いを示し、次の章では有料老人ホーム・サ高住の選び方のコツを説明させていただきました。後半では、弊社と一般社団法人日本シニア住宅相談員協会（以下「日住協」と表示）のシニア住宅相談員の方々が協働で選定した有料老人ホーム三ツ星ガイドの選定結果の発表を行いました。

今回の調査はあくまで我々の基準で調査したものです。本書はあくまでも有料老人ホーム、サ高住の「道標」をお示ししたものに過ぎません。実際に有料老人ホームを選択される場合は、本書の調査にご協力いただいた日住協加入の入居相談にお問い合わせいただき、入居対象者の個別の事情をお話しください。彼らは無料で入居対象者に最適なホームを数カ所選定し、ご案内くださるはずです。

介護の三ツ星コンシェルジュ編集長　荒牧誠也

寄稿

高齢者住宅・施設は多様化し、さらに制度の基本的な内容と実態が乖離している現状も見られ、まさに玉石混交の状況となっています。加えて民間の高齢者住宅は非常に価格差が大きいうえ、運営する事業者の理念や方針によって、同じ種類・同じ価格帯のなかでも個々に違いが生じています。その違いを把握して自分に合った入居先を見つけるのは、至難の業といえるでしょう。

そこで求められるのが、高齢者住宅に精通した「入居相談の窓口」です。入居相談業とは、高齢者住宅に入居を希望される方からお話をうかがい、高齢者住宅の情報提供や現地へのご案内からご入居までのサポートを行うもので、住み替える高齢者の増加と高齢者住宅の多様化につれて、近年急速にその数を増やしています。ただ、開業にあたっての規制やガイドラインが一切なく誰でも参入できることから、なかには高齢者住宅をはじめ高齢者の生活や介護、医療など、入居相談に欠かせない知識をもたない人も従事し、利用者に不利益をもたらす例も見られるようになってきました。そこで私どもでは、入居相談業が社会的に役立つ業態として認められ、正しく発展していくことを目指して、２０１５年に一般社団法人日本シニア住宅相談員協会を設立し、「利用者本位」を基本理念に公正な情報提供の徹底と優良な相談員の育成に向けて活動しています。

今回は、選択が難しい高齢者の住まい選びにおいて、選ぶべき価値のあるホームを見つけやすくするために、株式会社ベイシス様との協働で調査に協力させていただきました。有料老人ホーム三ツ星ガイド作成にあたっては、当協会の研修を修了し認定を受けた「シニア住宅相談員」の資格をもつ優良な専門相談員が、知り得る限りの高齢者住宅について、スペックからは判断できないサービス姿勢や対応面を「お客さまに勧められるか」の視点で評価し、基本情報の採点に加えて星付けさせていただきました。入居相談業の相談員は、入居されるご本人の状況をはじめ、ご本人・ご家族のお悩みや心配事・困り事、さらに個々のご要望をしっかりと聞き取り、その方の立場に立って最適な住まいをご提案するのが仕事です。入居検討先を自信をもってご提案するために、そこのハード面・サービス面のスペックを把握し、なおかつ事前に現地を訪れて自分の目と耳で確認しています。その際は管理者や案内員の対応をはじめ、そこで働くスタッフの様子や入居者の表情などから運営姿勢やサービスレベルについても「勧められるかどうか」を判断しています。そういった情報をもつシニア住宅相談員が評価に加わったことで、今回の三ツ星ガイドがスペックに基づくかたちだけの評価ではなく、人が介在する血の通った評価となり得ることができたものと思われます。

この三ツ星ガイドは、入居を検討する方にとって、今までにない有益な情報源となり得るものではありますが、個々に状況や事情が異なるすべての方に当てはまるものではありません。また高齢者住宅の多くは良し悪しで分けられるものではなく、種類や価格帯、運営姿勢や経験値などによる「違い」として正しく把握することが求められます。ですからこの星印はあくまでも良質なホーム探しの参考ととらえ、自分にとって必要なもの、叶えたいことをしっかりと見据えたうえで、可能な予算のなかで上手に足し引きをしながら、最適な住まいを見つけていただきたいと思います。

最後に、この書籍が１人でも多くの住み替えをお考えの高齢者・ご家族に読まれ、正しい選択に役立つことを期待しております。

一般社団法人日本シニア住宅相談員協会
代表理事　岡本弘子

介護の三ツ星コンシェルジュ編集部

・荒牧誠也

・中川友貴

株式会社ベイシスの事業部として発足。

シニア世代やシニア世代をご家族にもつ方、シルバー産業に従事する方に向けた「介護の三ツ星コンシェルジュ――暮らしを豊かにするコラムサイト」を運営。

同サイトは“より良く生きるためのノウハウ”や“要介護時の対応”など、シニアライフを過ごしていただくための情報が満載。

シニア、そのご家族、介護従事者が潤いあふれる、そして幸せな人生を過ごしていただくことを目的に運営している。

取材協力

一般社団法人日本シニア住宅相談員協会
代表理事
岡本弘子

2015年1月に入居相談業有志によって設立。

利用者本位を基本理念に、優良な入居相談員の育成と入居相談業の適正な発展に向けて活動している。

シニア住宅相談員認定研修【ベーシックコース】を年4回開催し、修了者をシニア住宅相談員として資格認定。さらにシニア住宅相談員を配置するなど協会が定めた要件を満たした入居相談事業所を、あんしん相談窓口として事業所認定を行っている。

上級者向けのシニア住宅相談員認定研修【アドバンスコース】や、高齢者住宅関連事業者などの交流勉強会も定期的に開催し、知識の研鑽や情報交換の場づくりにも努めている。